向你的美目问路

中学生写作源命题与典例

何璋 著

四川文艺出版社

图书在版编目（CIP）数据

向你的美目问路：中学生写作源命题与典例 / 何璋著. — 成都：四川文艺出版社，2018.2（2022.1 重印）

ISBN 978-7-5411-4950-4

Ⅰ. ①向… Ⅱ. ①何… Ⅲ. ①阅读课—教学研究—高中②作文课—教学研究—高中 Ⅳ. ① G633.302

中国版本图书馆 CIP 数据核字 (2018) 第 017958 号

XIANG NI DE MEIMU WENLU

向你的美目问路

——中学生写作源命题与典例

何 璋 著

责任编辑 卢亚兵
封面设计 叶 茂
责任校对 蓝 海

出版发行 四川文艺出版社（成都市槐树街 2 号）
网 址 www.scwys.com
电 话 028-86259287（发行部） 028-86259303（编辑部）
传 真 028-86259306

邮购地址 成都市槐树街 2 号四川文艺出版社邮购部 610031
排 版 四川最近文化传播有限公司
印 刷 永清县晔盛亚胶印有限公司
成品尺寸 145mm × 210mm 1/32
印 张 7 字 数 160 千
版 次 2018 年 2 月第一版 印 次 2022 年 1 月第二次印刷
书 号 ISBN 978-7-5411-4950-4
定 价 39.00 元

为了应付日后贫乏无聊的日子，人们多么应该把一切美好事物满满装进口袋小心保存啊！

——[德]赫尔曼·黑塞

高考写作的源命题探究与示例（代序）

某种程度上说，有思想味的文章其实就是有哲学味的文章。文章的深度，往往取决于一个人的哲思关注。高中生的写作，往往浅表化，浮于口号式的情绪宣泄，陷于事情表象而不能升华为形而上的普遍关注。这都是哲思意识薄弱，缺少必要的思想积累和思想传承的表现。康德曾批判“人只能认识现象，不能认识本体。”高考材料作文就是要从现象到本体，用本体的“理”来解释现象。周国平也说，“没有哲学的眼光和深度，一个诗人只能是吟花咏月、顾影自怜的浅薄文人。”

但高中生的哲学关注又不能过于学术化，甚至神秘化和“玄”化，落地的哲学是对现实的关注，解决现实中矛和盾的冲突，打开年轻心灵寻求出路的门径。正如“哲学”一词最初最原始的意思就是爱智慧，中学生的写作就是表现你看待问题、思考问题、解决问题的智慧。

一、源命题与写作序列

基于对高考命题和学生写作实践的持续关注，笔者发现，学生优秀作文中展现出的思想现状都有一个“万理归一”的规律，那么这“归一”归向何处呢？这就有了有关写作“源命题”的思考。

写作源命题其实就是人类普世价值的命题，是超种族、阶级、意识形态的，这些命题需要我们能就事论事并超拔其上，客观、公正、人性、人伦地解决人类的问题。

如果可以这样定位的话，高考源命题其实就是基本的哲学命题。

哲思作为思想的极致，究竟在关注什么？这三个话题基本上是哲学家们共同关注的，即：宇宙时空、社会秩序和个人存在。

即使缺乏系统哲学素养的人也能一眼看出，这三个问题基本上无法完全隔离开来谈，因为个体与社会共生，人类及社会又存乎宇宙。取任何一端作思考，都是个人的、社会的和宇宙的。但在教学过程中，为了便于学生掌握和实战运用可以作简单的分类：

宇宙时空：大与小、恒久与短暂……

社会秩序：轻与重、怪与常、束缚与自由……

个人存在：生与死、爱与恨、圆缺、孤独……

二、写作序列的教学实践

每一个源命题都是辩证的，我们在教学过程中无法呈现“正确答案”，只能作认知示例，在展现的过程中提供“有故事、有文本的思考”。学生中学阶段的思维特征还不具备普遍的理论接受能力，所以，在故事和文本中感知、提炼、获得哲思是最佳途径，教师负责引领和辅助，具体取向则决定于学生的个体认知差异。

下面作源命题解读示例：

（一）宇宙时空

1. 大与小

大与小，取决于事物的参照系。“天下莫大于秋毫之末，而泰山为小；莫寿于殇子，而彭祖为夭。”（《庄子·齐物论》）在庄子看来，大与小实则是一个没有恒常意义的话题，参照系不一样，结果不一样，参照系变了，结果也就变了，这带来了万物存在的不确定性。

所以，这个命题实则解决了我们对于“贫与富”“优与劣”“好与坏”“幸福与痛苦”等话题的解读，他们互为参照，并不断发生认知转换，而这种转换又推动了另一组话题的关注，比如“知足”“舍得”“壮志”“平凡”“淡泊”“价值”等等。

2. 恒久与短暂

宇宙苍茫，人生一世，草木一秋。时间客观，无情永逝。所以“春花秋月何时了”之问难解，所以“江月何年初照人”之问难答。难解难答之间，人反而获得智慧：

作为人如何与天地长存？于是有了“物质与精神”这样话题的辩论；

作为人如何看待来与去？于是有了“变与不变”这样话题的思考；

作为人如何看待成与败？于是有了“顺境与逆境”这样话题的观照；

……

正如周国平所言：“人类最初的哲学兴趣起于寻找变中之不

变，相对中之绝对，正是为了给人生一个总体说明，把人的瞬息存在与永恒结合起来。”对此类命题，古人给我们提供了众多“有文本的思考”。枯灯黄卷，精神命脉就在历史的黄页中显现身影，“三不朽”命题激励无数人超拔于现实之上；离离野草与古道荒城，既物是人非又生生不息，所以要么慨叹时空并“念天地之悠悠”，要么洞悉自然，与自然合一，吟一句“与谁同坐，明月清风我”。这此间也还有一脉人世不息的进取心，如千帆竞过，病树逢春，常来常往。

所以人或人世一旦置于上下四方、古往今来的时空，人便豁然开朗，既不要执迷于“短暂”，也不要失于“恒久”。所以，人生一世，就是寻找各自的意义。

（二）社会秩序

1. 怪与常

有人说，故事源于事故。引起我们关注的往往是打破常态的变化（怪），高考命题关注的也正是这些。天道有常，社会有序，每个人在社会秩序或社会认知中遵道而行，但世间事瞬息万变，所谓秩序与认知也未必一定。所以总有思想见识领先时代的人，看出常态中的不合理（怪），而这种看出或挑战当下本身又被无意识的群体当作“怪”。故而“怪”与“常”也互为转换。

譬如庄子“鼓盆而歌”。庄子妻死，鼓盆而歌，老朋友惠施前来安慰，看到庄子非但没有悲伤，反而箕踞鼓盆而歌，惠施又惊又气。原因就是惠施以伤别悼亡为“常”，而庄子以通乎命、尊乎道为“常”。二人遵循的“常”不一样，故以彼此为“怪”。

还有“怪”出风骨的竹林七贤：比如纵酒放达、脱衣裸形于屋中的刘伶；能作“青白眼”又有穷途之哭的阮籍；打铁不仕的嵇康；等等，皆是古今之“怪”。

若追根溯源，不难发现“怪”源自个别的“理解”和众人的“不理解”，所以关于“孤独与喧嚣”这样的话题受到关注。所以屈原说自己孤独——“世溷浊而莫余知兮，哀南夷之莫吾知兮”。柳宗元也说自己孤独——“孤舟蓑笠翁，独钓寒江雪”，一众文人班底，在“怪”与“常”的社会冲突中写诗作文，各抒块垒。

2. 轻与重

红尘凡夫重权、钱、利、名等，故而执迷不悟；精神高蹈者重义、情、自由、性灵等，故而严肃执着又豁达潇洒。比如古代那些出色的诗人们，“诗人对于现实诸多问题的态度就与常人有很大不同，他往往能重人之不能重，轻人之不能轻。”重见于严肃、执着，如陶渊明“不为五斗米折腰”，李白“安能摧眉折腰事权贵”；轻见于豁达、潇洒，如李白“千金散尽还复来”，如毛泽东“粪土当年万户侯”。这道理的根源被《左传》中“子罕弗受玉”的故事说透彻了，人生取舍就是“以玉为宝”和“以不贪为宝”罢了，人各有宝，人各有自己有关轻重的价值谱系。

由于每个人生命之轻重不同，甚至不同阶段的轻重取向也不同，因此高考中常有“取舍”“选择”“动与静”“义与利”“执着与变通”等一系列衍生命题。

（三）个人存在

1. 生与死

死亡，与生相对。对死亡的态度，即是生的态度。同样，善其生，也亦善其死。曾给学生提供一段文字，说有个记者采访一位老太太，问她为什么成都人慢悠悠地走路。老太太回答说：人都在走向死亡，你走那么快干吗？

这算是一个生活写实的文本，它呈现了每一个有智识的个体不得不思考的问题。为何生？为何死？死是生之意义还是生是死之意义？在生活的过程中，生命有限的意识不断加强，人们逐渐认识到：死是对生命的绝对否定，它反复提醒个体存在的渺小和无常命运的无出路。并且个体存在的时间有限，能占有或识见的空间也有限，于是出现了两种生活模式：焦虑忧郁——顺其自然（无知无识）、焦虑忧郁——寻求意义（生命深广）。诸如王安石“囚首丧面读史书”、欧阳修三上读书珍惜光阴、李白“昼短苦夜长，何不秉烛游”以及想“逍遥游”的庄子和“羽化而登仙”的苏轼都是对生命焦虑而展开的实践探索，在“短暂与永恒”“存在与虚无”“有限与无限”等矛盾的纠缠中，慢慢建立起古人关于生与死、个体与世界关系的基本思路。

2. 爱与恨

“爱”与“恨”是绝对对立的肯定和否定。我们要知道爱恨的缘由和爱恨的对象。爱有世俗之爱、艺术之爱、哲学之爱、宗教之爱，投入情感，产出生命深邃的心灵果实，“恨”则站在对立面立论证明。

从这个源命题论及高考写作，实践起来则要容易得多。比如世俗之爱，涉及个体与群体、家与国、小爱和大爱、平等之爱与差别之爱；艺术之爱，则多涉及艺术家们的追求，比如徐渭和梵高；哲学之爱，如道家清心寡欲、顺应自然的主张何尝不是另一种惜生爱命和尊生重死；宗教之爱则实践着包括隐忍、救赎、唤醒、普度等多种精神乐途。

试举例说明。海明威在《丧钟为谁而鸣》中引用了英国诗人约翰·唐恩的诗句“任何人的死亡都是我的损失，因为我是人类的一员。”转而言之，也可以说“一个人的死亡就是我们的死亡”。这是从个体到群体，或者说个体融入群体，是大爱的根源。

三、高考试题与源命题的关系构建

无论是阐释型作文还是任务驱动型作文，在追根溯源和就事论理上，很多时候要进行这种源命题的追溯和哲学范畴的初步思辨。

关系构建能帮助中学生获得实践信心。我们就全国卷作文来做一个示例。

高考作文	高考作文与源命题的关系构建示例
（2015全国卷1）　因父亲总是在高速路上开车时接电话，家人屡劝不该，女大学生小陈迫于无奈，更出于生命安全的考虑，通过微博私信向警方举报了自己的父亲。警方核实后，依法对老陈进行了教育和处罚，并将这起举报发在官方微博上。此事赢得众多网友点赞，也引发一些质疑，经媒体报道后，激起了更大范围、更多角度的讨论。	①举报父亲：大爱小爱/轻与重 ②质疑：怪与常 ③警方维护交规：社会秩序与个体；人与规则 ④发微博、媒体报道：个人隐私与社会影响的“轻与重”
（2015全国卷2）　当代风采人物评选活动已产生最后三名候选人。小李，笃学敏思，矢志创新，为破解生命科学之谜作出重大贡献，率领团队一举跻身国际学术最前沿。老王，爱岗敬业，练就一手绝活，变普通技术为完美艺术，走出一条从职高生到焊接大师的“大国工匠”之路。小刘，酷爱摄影，跋山涉水捕捉时间美景，他的博客赢得网友一片赞叹：“你带我们品味大千世界”“你帮我们留住美丽乡愁”。这三个人中，你认为谁更具风采？	①每个人的选择是每个人的“轻与重”； ②摄影师“品味世界”相较于“学术”“大国工匠”背后是“怪与常” ③三种不同选择，也可以是时空之下“恒久与短暂”的思考 ④三种选择也可以是“爱”之不同

从以上表格可以看出，审题，就是把命题中的事件要素或话语要素与源命题建立起关系。在这种关系构建中，形成我们看待问题、表明态度的“理”，主心骨一旦确定，则万物来归。高考命题千变万化，我们无法预测难以把控，唯有追本溯源，以不变的“本”应万变的繁枝。

（本文发表于中文核心期刊《语文教学通讯》2016年第11期）

目 录

独

情

嗜

直

侠

真

慈

美

诗

独

我四周沉寂，我内心平静。

——黑格尔《埃琉西斯——致荷尔德林》

痛苦的诀别

或许很多人看到“独”这个字，首先想到的是一些孤高自诩、独来独往、仙风道骨的形象，但我认为独恰恰是个体与群体的诀别，而这诀别未必是洒脱的，而是痛苦的。

能将这种痛苦深味的，我认为是卡夫卡。卡夫卡说：“是的，人太可怜了。因为他在不断增加的群众中一分钟一分钟地越来越孤独。”这种体验在他的作品中体现得太明显了，比如那座永远存在又永远让人无法逼近的《城堡》，阅读过程就是一种孤独的体验，仿佛在前行的路上不断被城堡拒绝进入，循环往复又循环往复，这是被神秘群体抛弃的体验。

再比如《饥饿艺术家》，描述了一个“痴迷”饥饿艺术的表演者从其风靡全城的荣光到被人厌弃的落寞，始终不被真正理解而孤寂痛苦直至无声死去的过程。这是人被接纳与抛弃的过程，或者说这里的接纳也是一种肤浅的接纳，未必就是被理解，只是一种好奇或游戏，但厌倦是必然的。饥饿艺术家从事的是真正的艺术，却不被人理解和认同。人们只是怀着好奇心和偷窥欲观看他的表演，还要加上怀疑和猜忌。就是这样一种用整个身心来表演的艺术形式，这样一位尊重艺术、醉心于艺术的艺术家，却没有自己真正的表演舞台。艺术家付出的是整个身心，他放弃了健康的肉体和作为人的尊严，却始终得不到属于自己的家园：一个可以真正表演的舞台，一群真正理解艺术、尊重艺术的观众。可是这里并没有真正的观众，只有无情的看客，所以死对艺术家来说是一种痛苦的诀别。

个体与群体诀别之后呢？卡夫卡依然作出了答复，这样的答复我们可以在他的《地洞》中读出来。一个人为了给自己一个安身立命的地方，挖掘建造了一个巨大的地洞。这个地洞有通道、广场、城郭，有伪装的入口——使敌人找不到入口的迷津。城郭里，穹顶上镶嵌着星星，仓库里储藏着丰富的食物。在这样花费了巨大精力建造的地洞里，建造者完全可以静下心来，无忧无虑地安享天年度过余生了。可是，一种莫名的巨大不安却时刻笼罩着他。他总是害怕敌人来临，夺走他为之付出了劳动和心血的地洞。这种恐惧感使他惶惶不可终日，难以享受自己精心打造的地洞。于是，他会去入口外躲藏起来，监视有无敌人走近入口识破迷津。有时，他听到洞内细微的声音，便挖地三尺地寻找和猜测危险的来源；有时，他把自己的储藏品放在一处，觉得不安全，又把它们分散开来……关于这篇小说有很多高明的解释，但我宁愿肤浅地认为这是一个独行者与群体诀别之后的孤独、恐惧与不安，他已无法与社会群体建立彼此的信任，所以他不断挖洞，增强防御，困住他人的同时也困住自己，不过卡夫卡高明的是，他似乎在反问：在这个看似热闹的世界，谁不深怀恐惧？谁不孤独呢？

在这种心理下，孤独往往发展成为拒绝、抵抗甚至愤怒。比如《水浒传》中的阎惜姣，她是宋江的妾。因为宋江看到她卖身葬父，立刻伸出援助之手，后来就不得不娶她为妾。于是宋江买下乌龙院金屋藏娇，又怕人说闲话，常常偷偷摸摸爱来不来，年纪轻轻的阎婆惜独守空闺，本来嫁给一个糟老头就心不甘情不愿，宋江还三天两头地冷淡她，心理自然不是滋味，长期的孤独寂寞自然产生不满与愤怒，便慢慢与宋江的学生张文远好起来了。台湾学者蒋勋在《孤独六讲》里说："阎惜姣对宋江是既感恩又憎恨，感恩他出钱葬父，又憎恨大好青春埋在他手里，所以对他说话便不客气。那天宋江进来时，阎惜姣正在绣花，不理宋江，让宋江很尴尬，不知要做什么，只能在那里走来走去，后来他不得不找话，他就说：'大姐啊，你手上拿着的是什么？'（'大姐'是夫妻之间的昵称，可是让一个中年男子唤一个小女孩'大姐'，就非常有趣了。）阎惜姣白了他一眼，觉得他很无聊，故意回他：'杯子啊！'宋江说：'明明是鞋子，你怎么说是杯子呢？'阎惜姣看着他：'你明明知道，为什么要问？'……宋江又问：'大姐，你白天都在做什么？'他当然是在探阎惜姣的口风，阎惜姣回答：'我干什么？我左手拿了一个蒜瓣，右手拿一杯凉水，我咬一口蒜瓣喝一口凉水，咬一口蒜瓣喝一口凉水，从东边走到西边，从西边走到东边……'这真的是非常有趣的一段话，阎惜姣要传达的就是'无聊'两字，却用了一些没有意义的语言拐弯抹角地陈述。"

我们能看出这种奇怪的问答当中，有着深刻的距离和隔膜，答非所问即是言语拒绝，而且拒绝中有不满和怨怼。

但我们的理解不要只停留在不满和怨怼上，其实这种抗拒、抵抗甚至愤怒的背后实则令人同情，细心一点我们也许能读出渴望和软弱。十九世纪美国浪漫主义成就最高的女诗人艾米莉·狄金森有一首诗歌特别有趣："我的生命——一把上膛的枪/曾在角落里站立着——直到有一天/主人经过——确认——/把我带走——"（第1-4行）据说这首诗的解读至今已有75种之多，其中之一即认为"一种等待有情人来发现那心灵深处蕴藏已久的爱情的急切心情"（李品伟解读），"枪"的独白实则是表达对爱的强烈渴望。只不过这首诗选取的意象实在特别，"枪"作为暴力工具，火药味甚浓，容易让人理解为拒绝并望而却步，可谁有知道这"枪"实则等待着使用它的主人。这首诗与阎婆惜的心理两两互证，即在说明孤独的背后是痛苦，而痛苦在于渴望的不可实现，这也是为什么生活中很多女性表现出孤芳自赏形象时，恰好是最渴望被接纳的时候。

所以，无论如何，我们可就此知道避免痛苦的方式是简单的，就是彼此理解与相互温暖。

步入经验的殿堂

我一直觉得人不能混淆"经验"和"经历"的界限，因为"经历"到"经验"还差一个"独"字，不是所有的"经历"都能转化为"经验"，而"独享、独想、独思、独悟"才能内化出一种有意义的经验。

我们来看一个文人的独白。说徐志摩是一个风流文人也许一点也不为过，他爱热闹、爱社交，但是也爱寂静和独处，在这一点上他与朱自清是相通的。记得徐志摩在有田园牧歌情调的小品文《翡冷翠山居闲话》中如是写道：

> 在这里出门散步去，上山或是下山，在一个晴好的五月的向晚，正像是去赴一个美的宴会，比如去一果子园，那边每株树上都是满挂着诗情最秀逸的果实，假如你单是站着看还不满意时，只要你一伸手就可以采取，可以恣尝鲜味，足够你性灵的迷醉。阳光正好暖和，决不过暖；风息是温驯的，而且往往因为他是从繁花的山林里吹度过来，他带来一股幽远的澹香，连着一息滋润的水气，摩挲着你的颜面，轻绕着你的肩腰，就这单纯的呼吸已是无穷的愉快；空气总是明净的，近谷内不生烟，远山上不起霭，那美秀风景的全部正像画片似的展露在你的眼前供你闲暇的鉴赏。

诗人的语言是美丽的，美丽的景色在他的笔下显得一点也不局促，洒脱得很。虽然很多人都敢说，这样的景色我身边也有，但要知道，这点洒脱和彻底的自然不是随意获得的，因为徐志摩很知道独处的妙处：

> 这样的玩顶好是不要约伴，我竟想严格的取缔，只许你独身；因为有了伴多少总得叫你分心，尤其是年轻的女伴，那是最危险最专制不过的旅伴，你应得躲避她像你躲避青草里一条美丽的花蛇！……但在这春夏间美秀的山中或乡间你

要是有机会独身闲逛时，那才是你福星高照的时候，那才是你实际领受，亲口尝味，自由与自在的时候，那才是你肉体与灵魂行动一致的时候。

徐志摩知道，群体中的人总是带着枷锁，我们要顾及到很多东西，穿什么衣服，什么鞋子，打不打领带，说什么样的敬辞，展现自己的绅士或粗野，我们总要在脑海里费一番思量，等把这些事理清楚了，美景也无福消受了。当然，这并不是说，只有“独”赏美景才是有意义的，群体的游玩也很快乐啊，但你慢慢会发现在自然中，群体的游玩很多时候留给你的印象是“群体怎么样”而非“自然如何”。所以徐志摩在自然美景中“竟想严格的取缔”玩伴，而结果便是他对身心自由难忘的体验：“你一个人漫游的时候，你就会在青草里坐地仰卧，甚至有时打滚，因为草的和暖的颜色自然的唤起你童稚的活泼；在静僻的道上你就会不自主的狂舞，看着你自己的身影幻出种种诡异的变相……”

我还想起一个有趣的现象，金庸的武侠小说大家都很熟悉，书籍与影视作品都有看过，看得多了，就止不住疑惑：为什么很多主角成为高手前都会掉入悬崖？甚至有读者得出一个“无悬崖，不武侠”的狗血定律。其实这也是“独”的过程。《道德经》第十六章说“致虚极，守静笃”，意思就是讲人的心境本来是空明宁静状态，但由于外界的干扰、诱惑，私欲开始活动。因为心灵躁动不安，所以必须注意“致虚”和“守静”，以期恢复心灵的清明。

同样道理，一个侠客与世隔绝，万念俱灰，无诸般尘世欲望的纠葛，他必能虚心守正，更易顿悟武术奇门奥妙。比如《神雕侠侣》中杨过的独创掌法黯然销魂掌，自创过程就是“杨过自和小龙女在绝情谷断肠崖前分手，不久便由神雕带着在海潮之中练功，数年之后，除内功循序渐进外，别的无可再练，心中整日价思念小龙女，渐渐的形销骨立，了无生趣。一日在海滨悄立良久，百无聊赖之中随意拳打脚踢，其时他内功火候已到，一出手竟具极大威力，轻轻一掌，将海滩上一块岩石打得粉碎。他由此深思，创出了一套完整的掌法。”其实“黯然销魂掌”的诞生与杨过痛至极致、独至极致不无关系，黯然神伤的经验也是离别带来的心灵经验，它触发了一个人全面的思维活动。再比如《倚天屠龙记》中的张无忌，他被打入万丈悬崖，偶得《九阳真经》，原文说他“他心无挂碍，便将三卷经书放在一处干燥的所在，……先诵读几遍，背得熟了，然后参究体会，自第一句习起。”这里的“心无挂碍”四字特别重要，这就是老子所谓“致虚”和“守静”的前提。不慌不忙地，张无忌只花了五年时间就得以大成，并化解了体内的寒毒。这无非就是“独处”的妙处。

其实我们细心一点必能发现，武侠中不只是有“悬崖”，还有“闭关”这样的说法，这个词语义上其实就是表达“拒绝”与“独守”的双重含义。

“独具慧眼”这个词，是中国人“独”这种智慧的最好体现，为什么？我们不妨这样拆解这个词：独，具慧眼。也就是说通过外在的独，抵达心灵的独，能帮助我们窥探事物隐秘的部分。

有两个秀出群峰的文人可以举出。一个是曹雪芹，一个是张岱。两个人有一个相同点，即均出身于世代簪缨之家。尤其是曹雪芹，他的身世大都能说个一二，从富裕之家坠入困顿，最后到了落魄不堪，衣食难以为继的地步，正如在他身后百余年的鲁迅所慨叹的：“有谁从小康人家而坠入困顿的么，我以为在这途路中，大概可以看见世人的真面目。”（鲁迅《呐喊自序》）这是鲁迅的经历和经验，同样也是曹雪芹的经历和经验。曹雪芹在北京西郊孤独地就着粗茶淡饭，呵开冻墨，守着孤灯，苦思冥想，千回百转，创作的《红楼梦》流芳百世，而那些与曹雪芹同时代的、住府院、吃山珍海味、被人前呼后拥的王公大臣、达官贵人、御用文人有谁还留下姓名？所以，没有孤独，怎有收获？怎能窥见时代的命数和个体命运的悲剧？不妨用他笔下的贾宝玉来说明，《红楼梦》第七十回《林黛玉重建桃花社史湘云偶填柳絮词》写姑娘们放风筝，最后要林黛玉剪断绳子，以示“放晦气”让风筝“把病根儿都带了去”。可是当离线的风筝飞离远去，贾宝玉不免多愁善感起来，道：“可惜不知落在那里去了。若落在有人烟处，被小孩子得了还好；若落在荒郊野外无人烟处，我替他寂寞。”贾宝玉多情是可知的，却也要知他在那个看似热闹的时节是有寂寞心的，多情的人常有寂寞心。

至于张岱，明末清初文学家、史学家，其小品文声誉尤高，多描写江南山水风光、民风和对过去生活的回忆，文笔丰神绰约，富有诗意，有“小品圣手”之誉。之所以能在众文人中出类拔萃，留名后世，与他的经历与心性不无关系。张岱出身仕宦家庭，早岁生活优裕，晚年避居山中，穷愁潦倒坚持著述。一生落拓不羁，淡泊功名，具有广泛的爱好和极高的审美情趣。他喜游历山水，深谙园林布置之法；懂音乐，能弹琴制曲；善品茗，茶道功夫颇深；好收藏，具备非凡的鉴赏水平；精戏曲，编导评论追求至善至美。看这些经历大有众妙皆备于身的感觉，但他后半生的命运与成就却都来自于拒绝，在明清更迭，天地风云变色之际，他始终拒绝臣服于清廷，远离政治旋涡，却独具生活的慧眼。在浪荡江湖的过程中，他细细品看城市胜概、山川景物、风俗人情、文学艺术等等各个方面，画师、琴师、工匠、艺妓、优伶、说书的、杂技的无不形神皆备入其文章，我们今天读《陶庵梦忆》或者《西湖梦寻》，不得不叹服他对阔人穷人、雅人俗人那种人之大欲的精细把握。

张岱的《湖心亭看雪》出自《陶庵梦忆》卷三，是中学教材的经典篇目，稍加分析我们便能发现这篇短文背后的精神核心："独"。文中写到"大雪三日，湖中人鸟声俱绝"这是环境之独，与众不同的是，在"人鸟俱绝"的时候，余"独往湖心亭看雪"，这是内心与行为的独特。随后是所见所闻所悟的独，"天与云与山与水，上下一白。湖上影子，惟长堤一痕、湖心亭一点、与余舟一芥、舟中人两三粒而已。"这里显眼的数字就是"一"，"一"也是独。我们知道老子《道德经》第四十二章说："道生一，一生二，二生三，三生万物"，这外在所见的"一"，即经历，实则唤来作者内心无限的经验，作者看的哪里是"雪"呢，实看人之"痴"，原文说"莫说相公痴，更有痴似相公者"。这"痴"在文人那里常用来形容一个人对某种艺术或精神境界的迷恋和执着追求。

所以，大凡所处独者，必有所痴。

文也，人也。你看，无论是于国于家，大凡痴于情者，都能深味孤独三昧。辛弃疾"把栏杆拍遍，无人会，登临意"，无人理解、无人欣赏自己，这是独自徘徊、无可奈何、委屈与流泪的孤独。又“秋风萧萧，落叶飘零”，“梧桐落，又还秋色，又还寂寞”，“独在异乡为异客”，“花间一壶酒，独酌无双亲，举杯邀明月，对影成三人”，“举头望明月，低头思故乡”，是羁旅他乡、思念亲人的孤独；又李清照“倚遍栏干，只是无情绪”，“寂寞深居，柔肠一寸愁千缕”，“此情无计可消除，才下眉头，却上心头”，正是“冷冷清清，凄凄惨惨戚戚”那种境界，实为心灵的煎熬，血的孤独！还有诸葛亮“庙堂之上，朽木为官，殿陛之间，禽兽食禄；狼心狗行之辈，滚滚当朝，奴颜婢膝之徒，纷纷秉政”，愤怒背后是一种怀才不遇的孤独！

从世界退身而出

独，使我们找到观照世界的方式，比如北宋晏殊说：“独上高楼，望尽天涯路”，为何上高楼？高楼之上就有了旁观者清的视野，展眼望去你就能看“尽”，看明白。

清朝乾隆年间郑板桥有传世名言，道“难得糊涂”四字，能说此四字，反而说明郑板桥是个明白人。又反过来说，红尘滚滚之中，人们又“难得明白”。经常听到那些进入不惑之年的人慨叹：有些道理要是早十年、二十年明白，就能少走许多弯路，少当几次傻子。可是，为什么那时不明白呢？千万别说那时年纪还小！能否做明白人其实与年纪无关，不是年纪越大就越有见识和经验的，有些人只是比你多活了三十年，但并不等于比你多了三十年的经验。每个人的见识、阅历、思想的差别，取决于他观照世界的方式。

这个世界很热闹。有个很流行的词叫“集体无意识”，是瑞士心理学家、分析心理学创始人荣格的分析心理学用语。集体无意识，作为一种典型的群体心理现象无处不在，并一直在默默而深刻地影响着我们的社会、我们的思想和我们的行为。受这种意识的影响，我们容易热衷于群体所干的事，随潮流，别人怎么干，我也怎么干，在这种集体的喧嚣中，人难得去反思这种行为的意义。其实有时候群体未必是对的，而偶有一两个特立独行的人窥见这种群体行为的错误，很久之后我们才会赋予他时代先知的称号。

这种特立独行的人，我觉得他们懂得从世界退身而出。

我们先来看一组“明白人”的话语：

我在这世上太孤独，但孤独得/还不够

（奥地利诗人里尔克《我在这世上太孤独》）

孤独是一种技艺……每一天我走向人群，练习怎样离开他们

（臧海英《囚徒》）

人生的第一件大事是发现自己，因此人们需要不时孤独和沉思。

（挪威海洋学家南森）

…………

从这几句话中，我们不难看出，无论作家、诗人还是科学家，他们要体验到某些深邃的东西，要看清自己的内心，都很珍视孤独，也许正是这种孤独使他们从群体中抽离，进而陷入沉思。西方先哲苏格拉底有个哲学原则叫作“认识你自己”，据说

几千年前古希腊奥林匹斯山上的德尔斐神殿里有一块石碑，上面写着“认识你自己”。这其实是一种谕示，大德大智者其实就是认识自己的人，是个明白人罢了。常说一个人没有朋友固然寂寞，但如果忙得没有机会面对自己，可能更加孤独。反观当下，我们太过忙于热闹，一群人的娱乐纵酒，或者通过微博微信等等现代媒体参与群欢，或者在忙忙碌碌的工作中迷失于名利，何时去“认识你自己”呢？

的确，有时停下来，抽离群体或者在群体中独处，观照自己的内心，会减少生命不必要的浪费。

下面，我们来看一看那些从群体归于“独”者的经验。

前文中谈到张岱，这里不妨就势引他的另一篇文章，《陶庵梦忆》卷七第三篇《西湖七月半》：

> 西湖七月半，一无可看，止可看看七月半之人。看七月半之人，以五类看之。其一，楼船箫鼓，峨冠盛筵，灯火优傒，声光相乱，名为看月而实不见月者，看之。其一，亦船亦楼，名娃闺秀，携及童娈，笑啼杂之，环坐露台，左右盼望，身在月下而实不看月者，看之。其一，亦船亦声歌，名妓闲僧，浅斟低唱，弱管轻丝，竹肉相发，亦在月下，亦看月而欲人看其看月者，看之。其一，不舟不车，不衫不帻，酒醉饭饱，呼群三五，跻入人丛，昭庆、断桥，嚣呼嘈杂，装假醉，唱无腔曲，月亦看，看月者亦看，不看月者亦看，而实无一看者，看之。其一，小船轻幌，净几暖炉，茶铛旋煮，素瓷静递，好友佳人，邀月同坐，或匿影树下，或逃嚣

里湖，看月而人不见其看月之态，亦不作意看月者，看之。

张岱夜游西湖赏月，同一轮月，人众不同，看的方式与目的也不同。而这种不同的发现，一定不是一个惯好热闹的人。张岱从这种群体的热闹中退身而出，通过一个居高临下的“看”，别出了各色人等境界的不同，瞬间达到一个明白人的高度。你看达官贵人意不在月实则有意自炫，明明白白一副附庸风雅的嘴脸；名娃闺秀则稍真实一点，我就不是来看月的，借看月之名乘机玩乐；名妓闲僧虽然风雅一点，也看月，但更多的在于“欲人看其看月”，想要自己成为月下可赏的风景，难免做作了些；市井好事之徒是典型的好热闹装疯卖傻之徒，他们无所不看，而“实无一看”；唯有几个清雅之士，不想被人看见，有的把小船隐蔽在树荫下，有的则悄悄地划向里湖，躲避喧闹的人群。他们在清净处得以从容看月，兴之所至，自然而然，并无做作之态。

张岱看这五类人，并无明确的言语论及他们孰优孰劣，却又自然形成彼此映照，人之雅俗高下俨然可判。这是独的好处，张岱在一个“独”字上面寻到了一个文人为人的精神通途，即自然真醇。

黑格尔的《精神现象学》有一言能说明从世界退出的部分意义：“熟知的东西之所以不是真正知道的东西，因为它是熟知的。”我们往往不深入思考熟知的东西，而一旦深入思考便能获得智慧。

有个故事说乾隆下江南，见长江中千帆竞渡，问一寺院住持慧灵和尚有船只多少？

和尚答曰：两艘。一艘是名，一艘是利。皆为名来，皆为利往。

为什么问寺院住持？因为世人看见的是热闹，僧人看见热闹后面的本质。

叶嘉莹老师在讲宋词的时候说：“我们一般的人，耳迷于五声六律，目迷于五颜六色。看到外面的繁华，看到外面的享乐，我们就被它迷乱了，你要真想成大事业大学问，一定要把眼前的遮蔽去除、打开，所以‘昨夜西风凋碧树，独上高楼’，才能‘望尽天涯路’。”所以，立身处世要不惑于外，一定要给自己独处的机会，至少是心灵上对“独”有一份固守。

独守风骨天地间

有一些软弱是羞于示人的
上帝啊，如果可以，请把
我的泪腺移到腋窝里去
——我们有同一位初恋，名叫孤独

——李壮诗集《午夜站台》

就从这首诗开始对文人的体认与理解吧。我们不要把文人想得多么强大，好像那些“虽千万人吾往矣”的文人总是三头六臂、无畏无惧，其实他们总是软弱与坚强并存的，正如一个娇弱的女子在无依无靠的时候也会变得坚强，一个坚强的女子在强大的依靠面前也会小鸟依人一样。文人书生细腻多情，而在坚硬的现实面前又刚韧无比。正如李壮的诗，“软弱”是存在的，但“羞于示人”又暗示着坚毅。

在软弱中体现坚毅，我认为这其实是选择孤独不朋，且体现文人风骨。

我们看一组风骨的剪影。是些静态的诗人形象。

首先是李白《独坐敬亭山》中的“相看两不厌，只有敬亭山。”此诗表面是写独游敬亭山的情趣，而其深含之意则是诗人生命历程中旷世的孤独感。李白自十年前放还出翰林，长期漂泊，饱尝了人间辛酸滋味，看透了世态炎凉，从而加深了对现实的不满，增添了孤寂之感，然而傲岸倔强的性格仍一如既往。“不厌”二字在说明山有情的同时，暗讽人之无情。且在这独坐之中，我们不能不承认李白在“无情”面前的无奈，和对“有情”的渴求或坚守。与冷酷、麻木的世事相较，用情乃是文人的风骨之一。

与李白此诗有异曲同工之妙的就是苏轼《点绛唇》中的“与谁同坐。明月清风我。”清夜无尘，月色如银，清风徐来，与谁同赏？美景无人共赏，深处的孤独是无可回避的。而也因为这孤独，诗人似乎超然物外，以清风明月为朋为伴，彼此欣赏。乍一看，似乎也很潇洒，但细嚼这些词语，也有一些戳痛人的柔软。苏轼曾经很诚实地谈到自己的不幸，说面对痛苦挫折没有不悲伤的，单纯说洒脱则与豕鹿无异。连司马迁《史记·屈原列传》中也说“劳苦倦极，未尝不呼天也；疾痛惨怛，未尝不呼父母也”，可人的差别也就在于是否止于这一个“呼”字。也就是说，深层的孤独伴随着痛苦，只不过重要的是在这痛苦之下我们选择何种态度继续。比如东坡思恋亡妻遂留下悼亡词，其情真是悲戚至极，每个字都似乎渗透了东坡的泪水。我们印象中的东坡是爱笑，甚至是纵情大笑的豪迈洒脱，可东坡不能放歌纵情又怎能深情若此呢？文人内心纠缠不已，最后在孤独的陪伴下，做了明白人。

还有一首，深得中国山水画的意境，是唐代柳宗元的《江雪》：“千山鸟飞绝，万径人踪灭。孤舟蓑笠翁，独钓寒江雪。”在这里汉字有着神奇的力量，它引导我们在脑海构图：在下着大雪的江面上，一叶小舟，一个老渔翁，独自在寒冷的江心垂钓。天地之间是如此纯洁而寂静，一尘不染，万籁无声；渔翁生活在如此净界，性格是如此孤傲。其实，这正是柳宗元由于憎恨当时那个一天天在走下坡路的唐王朝而创造出来的一个幻想境界，才借描写山水景物，借歌咏隐居在山水之间的渔翁，来寄托自己清高而孤傲的情感。此时他被贬永州，心中不快是肯定的，但借孤独来化解也是肯定的，有人建议将每句首字连起来读就是“千万孤独”，我想有千万孤独便有千万无奈和千万超拔，而这些一点都不矛盾。

还有一组文人形象。他们思维先觉，曲高和寡。

曾有人断言，中国古代文人的孤独意识最早可以追溯到屈原。屈原出身于贵族，按理说他应该处于世家大族的簇拥之中，但是他在他的祖国和热爱的民众之中感受到了刻骨铭心的孤独。他太特别，太早于觉醒，“举世皆浊我独清，众人皆醉我独醒”。这一醒，意味着他高瞻远瞩地看清了虎狼之秦，主张联齐抗秦，同时尚美政，举贤能，向往尧舜仁政；更为独特的是他在《离骚》中提出“循绳墨而不颇”的法治理念，强调法度与绳墨的重要性。可是昏君馋臣以及时代的局限性使他难以施展抱负，最后连许多学生都背弃了他，终令他陷入悲戚孤独，但思维先觉者的骨气就在此体现出来。在《离骚》的最后，屈原说："国无人兮莫我知兮，又何怀乎故都？既莫足与为美政兮，吾将从彭咸之所居。"屈原最终以自沉实践了自己的誓言，因极度的孤独愤懑而自杀，显示了诗人决不觍颜从俗、枉道从势的人格，首开中国古代文人用自杀结束人生孤独的道路，影响到后来的司空图与王国维等人。（可参看昝再利《略论中国古代文人孤独意识的三种类型》）

我印象深刻的另外一人便是阮籍。《晋书》卷四十九《阮籍列传》载："率意独驾，不由径路，车迹所穷，辄恸哭而反。"意思是说阮籍有时自己驾车，想去哪就去哪，不走正路，车没法走了，便痛哭一场然后返回。值得玩味的是"率意"与"不由径路"，说明他遵循的道路非常人的道路，他追求的也非常人的追求，我们无法判别这种追求的对错，但阮籍走的这条路肯定遭遇过无数障碍，因而有"穷途"之说。这种文人特异的选择与行为势必把自己逼入孤独的死角。比如传记又说他"尝登广武，观楚、汉战处，叹曰：'时无英雄，使竖子成名！'登武牢山，望京邑而叹，于是赋《豪杰诗》"。登山而望，随之而来的就是登山而"叹"，这两个叹，便叹出他对这个时代不堪一面的透视和遗憾。

如一些学者所言，中国古代那些有抱负有才能有个性的士人，由于受封建专制政治的压制和宗法伦理的框束，经常处于不被人理解，有时甚至遭人拒斥的境地，因而怀才不遇的孤独意识和时不我与的悲怆情感时刻笼罩在他们的心头。也正因为如此，孤独意识成了我国古代进步士人自我意识的重要组成部分，表现孤独意识成为中国古代文学作品的一种传统。（参考昝再利《略

论中国古代文人孤独意识的三种类型》）

让我以作家刘瑜《送你一颗子弹》中的一首诗作为此文的结尾吧，是她朋友写的，题目叫《一个人要像一支队伍》。内容是：我想象文革中的顾准，狱中的杨小凯，在文学圈之外写作的王小波，就是这样的人。怀才不遇，逆水行舟，一个人就像一支队伍，对着自己的头脑和心灵招兵买马，不气馁，有召唤，爱自由。

所以我相信，孤独，是忧愁的伴侣，也是精神活动的密友。

情

无情何必生斯世，有好终须累此生。

长染戒香消俗念，怎又空负自多情。

——袁枚《随园诗话·卷十·三三章》

文化的发生与发展通常是缘情而生，在现实体验和艺术体验中也只有“情”最动人心，根本原因在于“情”与“性”有关，天性、本性、自然性是人的起点也是文化的起点。林语堂有两句话点中要害：“顺乎天性即是身在天堂”，“中国文化，本是以人情为前提的文化”。两句话合二为一，“天性”与“常情”就是中国人把握世界的方式，也是我们的文化特征。

面对这个浩瀚的概念，不妨以爱情来做说明。

爱情·想象·神话

在传统文学的殿堂里，我们可以罗列出一组组浪漫的名字以证明爱情美好的存在：虞姬与项羽、司马相如与卓文君、杨玉环与唐明皇、陆游与唐婉、李清照与赵明诚、沈复与芸娘；倘若避开现实的藩篱，也还能在神秘世界里寻觅出爱情的踪迹：织女与牛郎、白素贞与许仙、梁山伯与祝英台等。

这些名字背后的故事，暗含着数千年来中国人对爱情美好的想象、期待、无奈与超越，他们在时空流转不息中，成为人们最乐意拿来美化的对象：有人不羁于流俗，有人超凡入圣，有人化蝶，甚至有人成仙。

更早的爱情注解里，我们可以看到神灵与世俗情爱愿望的和解，那就是一系列有关爱情的神话故事。

或许最令古人好奇的就是人自身，尤其是人情的触动，那种变幻莫测，仿佛是被天地间某种神秘力量所策动，即使到了今天，我们依然可以听到人们对情动于心时的那种不由自主和神秘不解力量的含糊表达：在爱情山崩之时，理智完全丧失，举止失措的慌张现象。

于是，先民的情欲解释，很多时候是从山水神灵中寻找导师。

传于典籍的此类山水神灵，首先想到的是洛神。

洛神又称洛神宓妃，是上古大神伏羲的小女儿。在洛水游泳时溺水而死，后来化为主管洛水的水神。而洛神在中国的文化信号里主要传递着有关美艳的消息，因此煽动了文人墨客最初的爱情想象。

首先引起我们关注的是浪漫主义的鼻祖，屈原。这个遥远而浪漫名字，总是承载着很多的精神符号并时刻闪耀光芒。当他在其传世名作《离骚》中诉说自己政治理想破灭的失落时，也通过浪漫主义者特有的心灵空间，展开了对洛水女神的第一次追求。

在这篇不到三千字的名作中，屈原这样叙述自己的求爱经历：

> 吾令丰隆乘云兮，求宓妃之所在。

解佩纕以结言兮，吾令蹇修以为理。
纷总总其离合兮，忽纬繣其难迁。
夕归次于穷石兮，朝濯发乎洧盘。
保厥美以骄傲兮，日康娱以淫游。
虽信美而无礼兮，来违弃而改求。

屈原在美艳的洛神面前，谦恭地解下兰佩，并求助蹇修作自己的媒人以向洛神示爱，而洛神在最初的若即若离后又突然断然拒绝。对此，我们可以想象屈原内心的失望，情动于心还未发之于外便遭夭折，这对一个浪漫而脆弱的文人来说无疑是巨大的打击。于是屈原天真地发起了牢骚，他说，洛神在傍晚回到穷石那个地方过夜，早晨在洧盘水边汲水洗发，只图守护自己的美貌而自我满足，日日沉溺于四处游玩，可见这是个虽然美丽却不懂礼节的神女。一气之下，屈原说，算了吧，我去追求别人了。明眼人都能看出，这是求之不得时的酸葡萄心理。

由于这次向女神求爱行动的失败，后来的文人就聪明了许多，转而对那些可望而不可即的对象进行单纯的又更加细致的想象与描摹。优秀的文人们企图通过高超的写作技艺，用极致的汉语文字把女神的美丽记录下来。于是，读书人在精神层面上展开了对女性美丽的大面积书写。功不可没的就是魏晋诗人曹植。

《洛神赋》被南朝文学批评家钟嵘给予了非同一般的评价，说此文“骨气奇高，词采华茂，情兼雅怨，体被文质，粲溢今古，卓尔不群，嗟呼！”（《诗品》）文章好到让人望尘莫及，让人嗟叹。在华茂的词采之下，洛神形象第一次清晰地呈现在大家面前：她的外貌“翩若惊鸿，婉若游龙”，远看如朝霞初升，近观如芙蓉出水，体态婉转，又有瘦削的双肩，婉约的细腰，还有丹唇、明眸、皓齿、蛾眉……曹植在她身上几乎堆砌了一切赞美女人的语词。终于，这个在屈原那里游踪不定的女神，被曹植用美妙的形容词所挽留。

段成式的《酉阳杂组》前集卷十四有载一妒妇津，相传言晋泰始中，刘伯玉好读《洛神赋》，常于妻前诵《洛神赋》，语其妻曰："娶妇得如此，吾无憾矣。"其妻段氏，性妒忌，曰："君何得以水神美而欲轻我？吾死，何愁不为水神。"其夜乃自沉而死。此虽传奇小说言，一者可见读书人对美女的想象和渴求，亦可见美女能使天下女人生妒心。

爱美之心人皆有之，追求之心也人皆有之，曹植自然也想收获女神的芳心。按曹植的性格，他的心中没有如屈原般的愤疾，而多了文人的失落、无奈与忐忑。这或许暗示着人们在爱情面前必将遭遇的一些心理考验。

神话世界有着令人着迷的忧伤与神秘的亲切，全因为遥远的美梦和绝望的渴望。

文人们负责把美丽的忧伤变成虚幻的现实，于是神话开始降落人间，开始进入生活。

这种进入，呈现为帝王将相和民间草野二维。

帝王家高大的城堡之内，令我记忆犹新的莫过于萧史弄玉的传说。这个故事的浪漫元素来源于音乐。汉代刘向《列仙传·卷上·萧史》中记载，萧史是春秋秦穆公时期的人士，擅长吹箫，史书上说这箫声最具特色的就是能"作凤鸣"。秦穆公有个宠爱非常的女儿叫弄玉，深深为萧史的音乐所吸引，爱情便在这种美妙的旋律中萌动。这不得不让人想起后来琴挑卓文君的司马相如，二者在这一点上存在某种文化心理的传承。《乐记·乐本篇》言：“凡音之起，由人心生也。人心之动，物使之然也。”早早告诉我们“音乐以情感为中心”的道理。秦穆公还算开明，大方地把弄玉嫁给萧史，并出钱修建一座凤楼，专供萧史弄玉居住，令教弄玉吹箫神技。

据说，夫妻二人从此居于凤楼之上，沉醉音乐，不饮不食，数年不一下楼。十数年间，二人吹箫似凤声，每一声起便引来凤凰翔集其屋。这里我们不妨发挥一下想象，晚霞弥天，轻云绯红，入云的阁楼之上，不见其人唯闻其音，五彩的凤凰鸟环绕飞翔。这样的场景岂非仙境？自然，这样的场景绝非人间所有，一日，弄玉乘凤，萧史乘龙，升天而去。在这个中国式城堡爱情故事中，入云楼，神乎其技的音乐，还有神鸟凤凰、神龙等意象，都在向世人凡夫暗示，爱情最美的一面通常是艺术、神秘并超乎现实的。

但是，如果稍通中国古代文学艺术史的人，便很快发现，爱情的想象并没有随萧史弄玉的飞升而烟消云散，反而实现了对爱情神秘力量的一次成功的引渡。在这样的思路下，各种神秘气息笼罩的爱情传说在二千多年的时空中缭绕不去，蔚为壮观。

不过，我们发现，接下来吸引我们的故事，开始转向民间草野，开始用爱情来拯救平凡世人的生活尴尬，并借爱的力量抚平真善美所遭遇的创伤。

相信很多人都熟知田螺姑娘的传奇，这是中国农耕时代的童话故事。陶渊明撰写的《搜神后记》对这个故事有细致的描摹。他描述了一个叫谢端的贫困少年，自幼父母双亡，成了孤儿，所幸被好心的邻居收养。在这样的故事背景之下，要么失于教养，沦为恶徒，要么本性纯良，品行端正。谢端很显然属于后者，书上说他“夜卧早起，躬耕力作，不舍昼夜”，是一个勤勉本分的农夫。但是，或许因为太穷，婚姻爱情方面迟迟没有进展。这是善良的年轻人时常遭遇的尴尬。

故事的逆转，在于传奇的发生。谢端偶然间捡到一个大田螺，奇大无比，谢端以为是一件宝贝，拿回家放养在水瓮里。神迹就在这时候开始出现。谢端每天从田野耕作归来，家里都有热气腾腾的饭菜。他以为是好心的邻居所为，就去感谢那个邻居，不料对方说：“俺从来没有干过这种事情，谢俺干啥？”谢端“默然心疑，不知其故”。

为了弄清事实，谢端这天出工干活，故意早早地返回，躲在篱笆外偷看，但见一个少女从水瓮里爬出，到灶台下点火治炊。谢端进门到水瓮边去查看大螺，那里只有一个空壳，就到灶前问道：“这位新来的姑娘来自何方，为何这般帮我做饭？”少女神色惊惶羞涩，想要回到瓮中，却被拦住去处，只能如实说出自己的来历：“我是银河的白水素女，天帝可怜你从小丧失父母，品行端正，因此派我帮你打理伙食，十年之内，助你发财娶妻，然后自会离去。但你平白无故偷看，使我真形败露，不便继续留在你家。你以后还是要好好劳动，我留下的这只螺壳，可以生出米来，不会让你饥饿。”谢端百般恳求她留下，却始终不肯。当时突然风雨大作，螺女随即消失得无影无踪。为了纪念这段奇缘，谢端为螺女立下神位，时常加以祭祀。他的生活虽没有暴富，却从此变得丰足起来，于是就有乡人把自家女儿嫁给他为妻。（注：此故事的叙述部分转引自朱大可《田螺姑娘，单身男子的

奇特梦想》)

我们深知，神话的存在本身就是对现实的救赎或超越。田螺姑娘传说，是善良淳朴的乡民对真善美遭遇困境时的心灵搭救。它足以表明，当我们于现实无力时，不是归于心死，而是从神秘世界中引入强大的活水施救，在想象世界对美好的再次肯定。

诗·水·爱情

大概是哪个大作家说过，只有具有伟大感情的人才能写出伟大的感情。首先是中国的优秀的诗人们，在敏感多情的生活实践中把握到爱情神奇的力量，他们想方设法用汉字的组合形式来传递他们心中久久氤氲的爱情疑云。中国那么多伟大的爱情诗，足以说明中国人情感智力的成熟，须知愈是诗性的人格，愈是钟情。

诗人对于爱情主题的诠释，择其一端，最好的意象是水。屈原留下的文字透露着有关女性的文化定位，美丽的女子多与水有关。很多浪漫的故事都发生在水边，如西施浣纱、荡舟采莲等等，诗人食指也说“中国诗歌却像水乡一样”，这水乡之中表达出“中国人心灵的那种精巧，感觉的细微”。

我们沿着这“水”溯流而上一定会发现：诗人用水的纯净、动荡、汹涌、静态和恒久绵长，把爱情修饰得更美、更温柔。说得具体一点，水参与了爱情的寻找、发现与表达。

读中学的时候，大家第一次被爱情朦胧的力量击中，多半是由于《诗经·蒹葭》。尽管道学家们一再强调这首诗是讽刺诗或求贤诗，但“所谓伊人，在水一方”所激活的情感认知是无法遮蔽的，因为凡遭遇爱情的人总是“辗转反侧”地失眠过，上下求索过，又总是因为或身份、或羞怯一类的“水”所阻隔。故而，我们在《蒹葭》读出的不只是那个寻找者，还有自己的某些遭遇，有自己情窦初开的记忆。

也或许由于“水”的诗意特质与阻断特质，提供给我们的既是爱情的媒介又是距离之美，所以有关爱情的想象美丽而忧伤。

这让我想到《越人歌》：

今夕何夕兮搴舟中流，
今日何日兮得与王子同舟。
蒙羞被好兮不訾诟耻。
心几烦而不绝兮得知王子。
山有木兮木有枝，
心悦君兮君不知。

《越人歌》相传是中国第一首译诗。鄂君子皙泛舟河中，打桨的越女爱慕他，用越语唱了一首歌，鄂君请人用楚语译出，就是这一首美丽的情诗。此中“心悦君兮君不知”道出后世多少女子隐秘的痛楚。有人说鄂君在听懂了这首歌，明白了越女的心之后，就微笑着把她带回去了。这种大团圆的心理期待似乎多少弥补了爱情的无奈和缺憾。

但是有一个人却不这么认为，当代著名诗人席慕蓉认为在这条黑暗的河流上，女子的结局悲伤又令人震撼。她在《在黑暗的河流上》如此解读这个女子：

灯火灿烂是怎样美丽的夜晚
你微笑前来缓缓指引我渡向彼岸
那满涨的潮汐
是我胸怀中满涨起来的爱意
怎样美丽而又慌乱的夜晚啊

夜，因为遭逢爱情而变得美丽，又因这爱情变得慌乱，女子的心口如潮汐起伏，满是悸动难抑的爱意。在这茫茫的世俗江面上，她以为对方的微笑缓缓将她引渡。可是这邂逅隐伏着危机：

请原谅我不得不用歌声
向俯视着我的星空轻轻呼唤
星群集聚的天空总不如
坐在船首的你光华夺目

女子以星空作比，认为眼前的男子光华夺目，堪比星群聚集的天空。但这种比较已经透视出一种难以逾越的距离，有“俯视着的”必有“仰视着的”，爱情的平等在此无法实现，这次引渡要么是居高临下的“拯救”，要么是曲意逢迎的委屈。

所有的生命在陷身之前
不是不知道应该闪避应该逃离
可是在这样美丽的夜晚里啊
藏着一种渴望却绝不容许

女子意识深处是知道这种距离的，闪避逃离怎敌对爱情的渴望。很多人说爱情是一次冒险，这危险如黑夜随时将人笼罩。但正是这样的时刻爱情才显得伟大和充满力量，席慕蓉读出了这个女子的奋不顾身。

我于是扑向烈火
扑向命运在暗处布下的诱惑
用我清越的歌用我真挚的诗
用一个自小温顺羞怯的女子
一生中所能
为你准备的极致

为爱情飞蛾扑火，也为爱情竭尽一个女子的生命，令人震撼。这水上偶然遭遇的爱情甚至来不及给以时间验证，突然爆发，以致一个生命为另一个生命冲动、渴望和无所顾忌，足以证明命运不会给爱情以深谋远虑、深思筹谋的机会，这是爱情的传奇性。

确实如此，水总是参与到诗歌中的爱情传奇。

“流水传书”“红叶传情”的故事有很多版本，最传奇的莫过于唐宣宗时的宫女韩氏与诗人于祐。这个故事在唐宋传奇张实的《流红记》中作了精彩的演绎，而“水”在这个故事中不再起到“阻隔”的作用，反而成了传情达意的媒介。

故事说，宫女韩氏，题了一首红叶诗：“流水何太急，深宫尽日闲。殷勤谢红叶，好去到人间。”哦，明白了，深宫锁春心，韩氏借题诗排解女儿的春情。并且她把这红叶借御沟流到宫外，恰好被一位读书人于祐拾到。于祐产生了思念，也找来一片红叶题上一联诗问：“曾闻叶上题红怨，叶上题诗寄阿谁？”然后绕到御沟的上游，将红叶放入水中，让其随水漂入宫中。于佑的本意，很有些玩笑的味道。那沟水川流不息，飘落到水上的红叶每天不知有多少，正好那位宫女捡到题诗的那片红叶，几乎是不可能的。所以，这事很快就被他忘记了。但他捡到的那片红叶却一直保留着。

十年后，皇恩开赦，要放三千宫女出宫，各自嫁人。有一位好心的朋友看到于祐未婚娶，就征得他的同意，为他找了一位才貌双全的宫女。天作奇巧，朋友帮助挑选的也正好是这位韩氏。机缘巧合，两人对了各自收藏的红叶题诗，笔迹相同，丝毫不差，惊叹不已。于是韩氏又提笔写了一首：“一联佳句题流水，十载幽思满素怀。今日却成鸾凤友，方知红叶是良媒。”这个大团圆结局，以一泓流水，一片素叶为载体，是封建人性难堪时代，对男女爱情的奇思妙想。

沿着这种传奇思路，王实甫《西厢记》有《春情》一诗，后两句曰：“等闲弄水浮花片，流出门前赚阮郎。”张生借红叶传情的传奇故事，拨动莺莺的相思之情，以红娘为媒，书信来往，越礼成佳话。

纵观古典诗词，水不仅参与爱情的“阻隔”和“媒介”，有时甚至直接以水相赠表达情意。在唐代就有“赠芳水”的习俗，“花池多芳水，玉杯挹赠郎。避人藏袖里，湿却素罗裳。”（唐·晁采《子夜歌》），晁采想赠一杯芳水给情郎，又怕别人看到，于是藏在衣袖里，最终打湿了自己素洁的罗裳。这种心思的细腻描摹，正如那一杯芳水总能润湿人的心怀。

有时候，诗人们写的不只是水，更是一份纯真之情。

快乐·拥有·命名

爱情的世俗愿望是喜欢以“终成眷属”的面貌示人的。人们在这种完美中获取快乐。

今天，我们依然可以从很多文人典雅含蓄的语词背后发现他们泄露的甜蜜与幸福。

北宋文坛老祖欧阳修有一首《南歌子》，正如欧阳修自己在《六一诗话》所说：“愁苦之言易工，欢愉之辞难好”。他在此词中却写尽了新婚夫妻的浓情蜜意：

> 凤髻金泥带，龙纹玉掌梳。走来窗下笑相扶，爱道画眉深浅入时无？　　弄笔偎人久，描花试手初。等闲妨了绣功夫，笑问“鸳鸯两字怎生书？

若是放到今天的电影当中，也一定是一场生动异常的画面。这幅画可以这样描述：精妆打扮的女子，与夫君相扶含笑走到窗边，情意款款地问自己的丈夫：“眉色深浅赶得上潮流吗？”这难免会让人想到唐代诗人朱庆馀“画眉深浅入时无”的句子，但朱庆馀是应考学子小心翼翼的试探，而此处则是生活本真的幸福美味。下阕写什么呢？妻子依偎着丈夫摆弄笔管，初次试描刺绣的花样。由于心不在焉，轻易地耽误了刺绣的时间，笑着问丈夫："鸳鸯二字怎么写？"到这里似乎已不需要多余的阐释了，倒是这里两个问号巧妙有意味，为什么？因为这个娇痴调皮的女子所提之问本质上是不需要答案的，目的就在那一问，那一问足以说明心思所归，亦足以说明沉浸在幸福之中的女子慧黠可爱的一面。

然后再回到"眉"这个话题上来，和沈约瘦腰、韩寿偷香、相如窃玉合称古代四大风流韵事的"张敞画眉"不得不提。

《汉书·张敞传》："……治《春秋》，以经术自辅，其政颇杂儒雅，往往表贤显善，不醇用诛罚……为妇画眉，长安中传张京兆眉怃。有司以奏敞。上问之，对曰：'臣闻闺房之乐，夫妇之私，有过于画眉者。'"

有两处可以好好领略一下。第一"其政颇杂儒雅，往往表贤显善，不醇用诛罚"，说他施政也用儒家之道，经常表彰贤善。我认为唯有心有善念的人才能发现美，生活才能有情致。第二"闺房之乐"他以画眉为乐事。京中传他为妻子画眉，而且手法高明，经他之手的眉毛妩媚异常。画眉一事，可见他是个有情味的人，没有道学家脸孔。

岔开一句，《红楼梦》中薛宝钗最讨人厌的就是她的道学家面孔。我曾觉得薛宝钗最美的一次，不是纵论诗书，细数家道伦常，而是向周瑞家的细说"冷香丸"配方时一句"真真把人琐碎死了。"我能想出那生活细腻处，谈论生活琐碎时的真实、动人、活泼，一个美人在用叠词"真真"时的韵脚和"琐碎"这词圆润的口型，我深知真实的不一定是动人的，但真实的美或美得真实一定得动人。薛宝钗很多时候美得不真实，却唯有这一次。

在爱情这个层面上，彼此“拥有”是快乐的基础。我们一再听到“相濡以沫，不如相忘于江湖”这样的话，但爱情的悲剧很多时候恰恰缘于把它理想化甚至哲学化，经不起生活细节的考验。

美国学者宇文所安有一篇文章叫《快乐，拥有，命名》，探讨的是北宋文化史，但我觉得把这三个词放到爱情这个维度，依然是一个有趣的命题。宇文所安说：“拥有某物或某个空间，或‘到’并‘在’某地，会变得更快乐”，用这个来阐释爱情或者更大范畴的情都是合用的，因为情感的东西一定建立在彼此“拥有”的基础上，无论是精神的还是物质的，它是“有”而非“无”，生活中以“无”为“有”必定是一种荒诞的欺骗。

比如说孝敬父母这一件事，很多人说爱父母，担心父母，有时候也只是说说而已，即使他真的担心真的爱，甚至也到了夜不能寐、茶饭不思的地步，但是没有丝毫爱的行动，这种爱到底是“有”还是“无”呢？古人讲“子欲养而亲不待”，这个“欲”不能单单解释成“想”，而要解释成“继续”，想要把赡养父母的行动继续下去而不能，才是孝，也才有“亲不待”的大痛。

爱情何尝不是如此？我们时常听到精神之爱，但我相信这种精神或心灵的爱也是彼此拥有的，他们依然在“得到”和“拥有”的基础上。古人很喜欢探讨“独乐”与“与众乐”的话题，好像后者很崇高伟大一样，但在爱情这一件事上，“只有在你占有某物，或者专享某物并排除他人时，独乐才会产生问题”。爱情是排他的。

再说命名的问题。中国文化中有一个奇特的现象，就是赐姓。赐姓通常有两个词条：一是谓天子据某人祖先所生之地或其功绩而赐予姓氏；其二则多指以国姓赐予功臣，以示褒宠。词条一表明对土地和名誉的拥有，词条二表明君对臣的拥有，更为奇特的是这种“被拥有”是一种价值和存在感的肯定。

回到爱情这个话题，爱情的延续就是婚姻了，婚姻其实就是彼此“拥有”的结果，隆重的婚礼则可视为“拥有”的仪式，但在古典中国这种“拥有”还远不止于此。“妇随夫姓”就是明证。中国古代，对已嫁女子以夫家姓氏相称的习俗，大致在汉魏之际构成雏形，到南朝末期蔚成风气。李氏、王氏等就是五代以后已婚妇女留在官私簿籍上的“称谓”。后来为了更加容易识别，就把丈夫的姓氏加在妻子的姓氏前面，如刘王氏、赵邢氏、洪李氏，既标明已婚身份，又提示她是某姓成员及其母家的姓氏。就中国来说，这不仅是婚姻爱情形式的“拥有”，它背后还在慢慢形成以姓氏相区别和较量的政治、经济集团，并最终形成生存和发展相互依存的家族共同体。

最后，需要明白的是，彼此“拥有”会产生如欧阳修《南歌子》中耳鬓厮磨式的快乐，但不是说彼此“拥有”就一定产生快乐。不只是爱情如此，诸般事物都有这样的风险。

时空之偶成

情感的真实是受时空限制的，一时一地的动情也许在另一时的一时一地又迥乎不同。情感要有合适的距离，太远和过近都可能产生不幸。

很多人年轻时候都读过《围城》，能津津乐道钱老的“婚姻是一座围城，城外的人想进去，城里的人想出来”之论，可见这其中确有不少婚姻爱情的启蒙，在爱情的时空偶成这点上，《围城》中也有很多有趣的地方。

在《围城》里，方鸿渐和苏文纨有一处一时一地的动情。书中说：那天是旧历四月十五，暮春早夏的月亮原是情人的月亮，苏小姐家里人都出去了，她叫方鸿渐陪她去园子里看月，两人坐到六角小亭子里，方鸿渐才觉得这情势太危险：

> 鸿渐偷看苏小姐的脸，光洁得像月光泼上去就会滑下来，眼睛里也闪活着月亮，嘴唇上月华洗不淡的红色变为滋润的深暗。苏小姐知道他在看自己，回脸对他微笑，鸿渐要抵抗这媚力的决心，像出水的鱼，头尾在地上拍动，可是挣扎不起。他站起来道：文纨，我要走了。

苏小姐处心积虑制造了这么一个良辰美景，怎肯轻易放过，只强留再坐。方鸿渐老实说，这月亮会作弄我干傻事。

接下去的事情我们都知道了，方鸿渐无法战胜神奇的荷尔蒙，他吻了苏小姐，但是这个吻分量很轻，“只仿佛清朝官场上茶送客时的把嘴唇抹一抹茶碗边，或者从前西洋法庭见证人宣誓时的把嘴唇碰一碰《圣经》”，他以为这吻分量轻，所以可以不当作自己爱她的证据。而这边厢的苏小姐，却对惹事的月亮充满了感情，她一边甜醉地笑说：“月亮这怪东西，真教我们都变了傻子了。”一边满心快活地想着两句话：“天上月圆，人间月半。”

读过《围城》大约知道，方鸿渐理性深处是喜欢唐晓芙的，但是在一个特定的时空之下他差一点就受到了蛊惑，或者说他已经受到了环境的魅惑，正如钱老的那一句精彩的譬喻：“像出水的鱼，头尾在地上拍动，可是挣扎不起”。确实，情浓意浓的时刻从来不缺，单就古人一本《花间词》，就有多少时空偶合，多少荷尔蒙：“春日游，杏花吹满头。陌上谁家年少，足风流。妾拟将身嫁与，一生休。纵被无情弃，不能羞。”这狂热的一见钟情固有感染力，却也叫人迷惑，荷尔蒙随时凌空而来，自然也会随时而止。

今人陈思呈说：“感情的产生，往往都是那么些偶然的事物造成。——有时候，是格子窗外适值有上弦的月亮；有时候，是男人走出去时的笛子声；有时候，是映着雪光的炉火。爱情原来别无他事，就是在那么一些微妙的时分，由旁的不相干的事物，一起合谋催化。若能冷心冷意地看出这些，不要轻易说感情，那，倒也清爽。”（参见《别谈什么感情了，其实都是月亮和东风的合谋》）

你可能还会记得张宇的歌《月亮惹的祸》，歌词中说“我承认都是月亮惹的祸，那样的月色太美太温柔，才会在刹那之间，只想和你一起到白头。”你看时空的巧合往往是一瞬间的事，也让人在“刹那之间”作出某种决定，至于这决定是好是坏又只待另一些时空在另一处某事某地去验证了。

再换个角度讲，为什么在那样巧合（也许是精心安排的）的时空下，苏文纨也未能最终“拥有”方鸿渐，原因在于她过于伪洁而造成太远的心理距离。苏文纨在追方鸿渐，可她却“犹抱琵琶半遮面”，就在暗处使劲儿。知道方鸿渐喜欢唐晓芙，除了嫉妒与促狭别无他法。苏文纨自始至终不敢说一句“我爱你”，总是半推半就，只敢躲在洋文里叫方鸿渐吻她。“打电话”是两人关系的分水岭，苏文纨风格依旧，不敢去与晓芙平等竞争，一场爱情游戏就此偃旗息鼓。说到底，文纨虽洋派，亦难摆脱“窈窕淑女，君子好逑”的传统恋爱模式，她宁愿费尽心机玩那“猫捉老鼠”的游戏，也不肯扯掉遮羞布表达自己的渴望。难怪方鸿渐从一开始就不认可苏文纨，因为“他知道苏小姐的效劳是不好随便领情的，她每钉一个纽扣或补一洞，自己良心上就增一分向她求婚的责任”。

古典爱情的族谱上，时空偶成的爱情并不稀缺。我们可以从崔护《题都城南庄》这首短诗中去读一个浪漫而忧伤的故事。

去年今日此门中，人面桃花相映红。
人面不知何处去，桃花依旧笑春风。

唐人孟棨《本事诗》和宋代《太平广记》都记载了此诗“本事”：崔护到长安参加进士考试落第后，在长安南郊偶遇一美丽少女，次年清明节重访此女不遇，于是题写此诗。我们可以把这首诗想象为两个时空下的爱情故事。第一个场景，“去年今日此门中，人面桃花相映红。”诗人寻春外出，偶然间有了一次艳遇，透过门望去是绚烂桃花之下一位娉婷袅娜的桃花面的女子，人与桃花相映红；第二个场景，“人面不知何处去，桃花依旧笑春风。”这个场景就有些物是人非了，桃花依旧，人已不在，徒增伤感，时间流逝，诸物变迁，诗人清明节重访不得不面对无可奈何的“失去”。

简而言之，前两句，是阳光普照。刚刚恋爱的人，觉得整个世界都是阳光明媚的。这是被美所吸引的时候。后两句，是阴云笼罩。美在何处？桃花虽美，却无美的温度。这温度在那女子身上。

很多悲伤的下文

> 一切人间的悲剧都是情的毁灭，情愈真愈深，悲剧性就愈重。（刘再复《红楼梦悟》）

很多美丽的句子与女子有关：

> 增之一分则太长，减之一分则太短，著粉则太白，施朱则太赤。（宋玉《登徒子好色赋》）
>
> 巧笑倩兮，美目盼兮。（《卫风·硕人》）
>
> 手如柔荑，肤如凝脂，领如蝤蛴，齿如瓠犀，螓首蛾眉。（《诗经·硕人》）
>
> 秾纤得衷，修短合度，肩若削成，腰如约素。延颈秀项，皓质呈露，芳泽无加，铅华弗御。（曹植《洛神赋》）
>
> …………

由此可见，在文学艺术中女子地位崇高，美被无限歌颂与赞美，也被美所宠幸。而且，这些美丽的句子多半有着美丽的感情。

但这只是女子命运的上文，因美而缠绵。她们命运的下文总是悲哀的休止，又因美而凄婉。

就近想到的是《红楼梦》，“千红一窟（哭）”“万艳同杯（悲）”似乎是曹雪芹对古代女性世界的总体概括，这也是关于古典爱情的另一半真话。

很多人不愿意听真话，有些真话也不必知道，比如村上春树《听风的歌》中小女孩问她的男朋友，“你爱我吗？”“会结婚吗？”之类小女孩都会问的问题，男人都一一肯定了，女孩说你骗我的吧，男人拿出一块泥巴状的事物给她看，说：“这是一块牛反刍用的干草，我一直搞不懂嘛，牛把这么难看的东西嚼来嚼去干吗？”女孩很聪明，想了会儿说：“好了，以后你不要和我说真话了。”

可是当我们了解自己国家的文化，尤其是这种文化之中女性的命运，我们必须知道足够的真实，因为它将增加我们许多的经验。

因为“在暴力上男性是占上风的”古代的男人们通过征服世界征服了女性，女性则由于“缺乏体力导致了更全面的怯懦”（西蒙·波娃：《第二性——女人》）在男性建立的社会关系中不得不屈从于男性，以一种被边缘化的身份介入男性世界，把自己的种种权利，包括身体、情感、欲望等都交予男性去修饰、去分配和被解读。

学者王昆仑《红楼梦人物论》中说，“漫长的封建时代中，反抗压迫的男子们用铁与血去战斗，妇女们往往用眼泪和生命写出自己的历史。在她们自由生存的新时代到来之前，我们只能看见千千万万的妇女，贫穷的饥饿，温柔的忧愁，多情的失恋，美貌的沉沦，软弱的受苦刑，刚烈的遭惨死。这些人都做了古往今来无可计数的传说、小说、诗歌、戏剧的题材。”女性正是以这样一种身份走上古代艺术史的人物画廊，在男权社会中被迫做出种种的艺术献身。

在男权社会，女性无法对自己的温柔与多情进行一番孤芳自赏，她们必借于男性的目光来体认自己，并尽可能地让自己的温柔与多情成为承欢男性的唯一资本。女孩子成长过程中面临的第一个问题就是社会（男性）要求她们“做什么、怎么做和做成什么样子”，她们于深闺幽阁中培养自己，于所有“男女大义”“女戒”“女训”中知味自己的人生。末了，她们才羞羞怯怯地走上男性的舞台，供人观赏与评说。

而且“柔情似水，佳期如梦”只是男性在女性陪同下做的美梦，但男性从不会持久陶醉于这种梦，一待社会的召唤，等待他们的将是“传世功名”“铁血战争”，是“笔墨春秋”，却绝不会是儿女情长。可女性不同，她们梦碎了依然是在梦中，在梦中缠绵、温柔多情，在假想和不理解中油尽灯枯。无论是春花秋月，还是夏雨冬雪，她们所能做的只能是在《西洲曲》里“海水梦悠悠，君愁我亦愁”；在《古诗十九首》里“行行重行行，与君生别离”；在唐诗宋词里“洛阳女儿好颜色，坐见落花长叹息”（刘希夷《代悲白头翁》）；在“欲寄君衣君不还，不寄君衣君又寒。寄与不寄间，妾身千万难。”（姚燧《凭阑人·寄征衣》）的尴尬中无限焦灼与徘徊。

当然，也有女性试图作出反抗，她们也试图在男女交往中占有主动权或者至少是平等地位，比如在浣花溪居住会做红笺的薛涛；幽居燕子楼而被诗人逼死的关盼盼；后世称为桃花夫人，嫁过两个男人改嫁后闭口不言的息夫人；陆游为之写钗头凤的唐婉；精妆离去以保自尊的刘兰芝；等等，可是谁能体会她们这种毅然决然背后的卑微和无力？

就拿刘兰芝来说，今天我们固然可以感叹刘兰芝的毅然决然，人们也赞扬这文学史上不多的女性形象，说她是一个外表柔顺，内心刚烈、美丽、善良、聪明、知书达礼的女子，更是一位忠于爱情、追求幸福和自由、蔑视荣利的妇女。但当时的妇女从家庭到社会普遍都处于屈从地位，刘兰芝出生于一个贫寒的家庭，自小就得到了封建伦理道德教育。因此，我们佩服她在封建家庭权威下反抗的勇气的同时，似乎更能从她的遭遇中体味出一种无奈和生命的悲剧，这只能让我们可歌可泣而已。

或许，古代社会的女子，除了逃避偷生之外，那些反抗的女性都面临着“娜拉走后”的问题。

李商隐说“春心莫共花争发，一寸相思一寸灰”，即有了情就有了悲哀，而在古典爱情中始终处于附属地位的女子，永远是最悲哀的那个。

克己复礼以及顺性及情

情是艺术创生的母题，在艺术中占有广阔的领域，在现实中却要保有足够的克制。

似乎是某个哲学家说过：“爱情本质上是美学，不是伦理。”照此说来，爱是纯粹的造美和审美，但当爱情进入伦理，就是家庭和亲情了。中国人讲伦常，讲礼，通过这些东西不断告诫人们要克制自己。克制，在野蛮与文明的程度上有莫大的功劳，但不可否认过度克制而从礼，总能扼杀爱情。

北宋科学家沈括在他的《梦溪笔谈》里记载有大文豪欧阳修讲过的一件事：

毗陵郡士人家有一女，姓李氏，年方十六岁，颇能诗，甚有佳句，吴人多得之。有《弹琴诗》云："昔年刚笑卓文君，岂信丝桐解误身。今日未弹心已乱，此心元自不由人。"虽有情致，乃非女子所宜也。

《弹琴诗》大致意思是说李氏小时候不懂男女之事，嘲笑卓文君怎么会被司马相如弹琴引动春心跟他私奔，"岂信丝桐解误身"的"丝桐"，就是琴，借指音乐，哪知道音乐也能引诱人呢！现在年纪大了，懂事了，解风情了，一曲还没弹完，心就乱了。原来爱情这东西是不由自主的，就像脱缰的野马是不由理智控制的。

当欧阳修看到此诗，认为此诗虽有韵味"有情致"，可他认为女孩子写此诗并不是一件光彩的事。（参考王兆鹏《挑战传统的李清照》）看来大文豪如欧阳修也未能脱古人恶俗，终是以封建士大夫的眼光看人，这眼光便是"礼"。

而道家的眼光，似乎更合乎人性。

道家对于"情"的本真设定或本真理解不同于儒家，道家更强调"情"的自然性。我们看一段对话：

"惠子谓庄子曰：'人故无情乎？'庄子曰：'然。'惠子曰：'人而无情，何以谓之人？'庄子曰：'道与之貌，天与之形，恶得不谓人？'惠子曰：'既谓之人，恶得无情？'庄子曰：'是非吾所谓情也。吾所谓无情者，言人之不以好恶伤其身，常因自然而不益生也。'"（《庄子·德充符》）

情首先是人之性，人之性便是自然之性，是符合天道的。无情不是否定“情”而是不动情，这里有一种超越喜怒哀乐的更为广博深厚的“情”，这便是宇宙人生之自然，是融于宇宙大道的生命冲动。但普通人自然不必苛责自己到如此广博深厚的地步，只需尊重人性即可。

清张潮在《幽梦影》中所说，“情必近于痴而始真”，“痴”是情的最高境界，在这个境界里，只知有真假，不知有对错。（参考周质平《现代人物与文化反思》）我们不仅要有情、尊重情，更要痴情，善待自己与他人之情。

《吕氏春秋》也强调“情”的天生自然：“欲有情，情有节……故耳之欲五声，目之欲五色，口之欲五味，情也。”（《吕氏春秋·情欲》）这是在确定“情”的生命自然即直接的感官根据，是耳、目、口对声、色、味的自然欲求。

因为“情”本义在生命本真状态，所以它常与另一个表现生命本真的字“性”连用，称为“性情”。荀子说：“性者，天之就也；情者，性之质也；欲者，情之应也。”（《荀子·正名》）这“天”便是自然，自然天赋。荀子提出“性”“情”“欲”三者的关系，“情”是自然天赋的本质，是生命的本真。荀子之后，“性”“情”“欲”三者关系的哲学之思也就逐渐多起来，形成中国古代哲学的重要范畴之辩——“性情”之辩。关于这一点，将在他文中论及。

顾随先生有一个集子叫《诗书生活》，其中《深厚、伟大情感的形成》一文对庄子“水之积也不厚，则其负大舟也无力”进行阐发时说：“情感之所以深厚而伟大，也在于它‘积’得‘厚’。”换句话说，即成大事必须有深情。又于《笼罩在悲哀的阴影中——说稼轩词<破阵子>》见“玄奘法师在西天时，见一东土扇子而生病。又有一僧闻之，赞叹道：‘好一个多情的和尚’”此例颇有意思，都说释家讲求五蕴皆空，但大德高僧孰不用情至深？否则也成不了佛！

这让我想起了王阳明令高僧还俗的事：

王阳明在通天岩讲学期间，听说广福禅寺有一僧人坐禅闭关三年，终日闭目静坐，不发一语，不视一物，于是前往探访。

王阳明以禅语说：“这和尚终日口巴巴说什么、终日眼睁睁看什么？”

坐禅僧人听了后，惊起作礼，对王阳明说：“小僧不言不视已经三年了。檀越却说口巴巴说什么，眼睁睁看什么，这是什么意思？”

王阳明说：“你是哪里人，离家多少年了？”

僧人回答：“我是广东人，离家十多年了。”

王阳明说：“你家中亲族还有何人？”

僧人回答：“只有一个老母亲。不知道是死是活。”

王阳明说：“会不会想念老母亲？”

僧人回答：“不能不想念。”

王阳明说：“你既不能不想念，虽然终日不言，心中已经在说；跃然终日不视，心中已经在看。”

僧人猛然省悟，合掌说：“檀越妙论更望开示明白。”

王阳明说：“父母天性，岂能断灭。你不能不起念，便是真性发现。虽然终日呆坐、徒乱心曲。俗话说：爹娘便是灵山佛。不敬爹娘，敬什么人？信什么佛？”

王阳明说罢，僧人不由大哭说：“檀越说得极是。小僧明早便归家看望老母亲。”

第二天，王阳明再往探访静坐三年的僧人，其他僧徒告诉王阳明，那个僧人已于午夜时分就挑着行李回乡了。

王阳明于是对他的弟子说："人性本善，在这个僧人身上就可以得到检验。"于是，王阳明更加潜心心学之奥涵。

就以这个故事作为这篇随笔的结束吧。记得大学恩师曾于讲坛上教诲我辈说，为人要有"两多两有"：多才多艺，有情有义。诸位学生，均当如是说。

附：名家名作主题研究示例（一）

不死的浪漫

——《绿化树》中爱情的心理磁场

《绿化树》作为张贤亮系列小说《唯物论者的启示录》至关重要的一部，历来受到学界和社会的广泛关注。特别是苦难知识分子章永璘与淳朴女性马缨花的爱情，一直如生于悬崖上的夏花，令广大的读者魂牵梦萦。与此同时，有关这次别致的爱情事件又饱受着纷繁的争议：人们既陶醉于爱情的伟大与美好，也对这份爱情在物质上的和精神上的、生理上的和心理上的存活条件产生种种猜测和疑问。比如小说发表之初，就有人耿耿于怀地提出："马缨花何以如此一见章永璘就视为家里人，而又如此无代价地款待他，他们之间的基础在哪里？……这只能说是新的天方夜谭。"（远铃《浅谈马缨花的形象塑造》，《朔方》1984年第2期）[1]因此，本文拟从心理分析角度，在参考他人研究成果的基础上，替这种贫穷而浪漫的“天方夜谭”找寻一个潜行的舞台，对一种悲剧美作一次追溯和瞻仰。

一

任何一次悲剧都会有一次不知情，正使这种艺术的既情理之中又意料之外的品性，才使得作品感人至深。在每一位与《绿化树》初次见面的读者来说，都会为章永璘的遭遇而无意识的期望：苦难该结束了，爱情也该是圆满的。但事实并不如此，结束是悲剧的，带有惋惜和对马缨花的深深敬意。那么马缨花和章永璘的相互吸引，以及这份爱情对读者的吸引，这究竟是怎样的情结与心理机制呢？我想，首要的应是一种坚硬的精神，而这精神来源于一个知识分子不死的浪漫。

我们已经知道主人公章永璘是在寒流滚滚的特定政治背景和生活环境下，遭遇着历史的曲折所赋予中国知识分子的无可回避的苦难。这种苦难会将知识分子感性的甚至有些超然的生活态度打回最真实的物质世界，他们将面临的是物质上和精神上的双重考验，并于这其间不得不作出某种痛苦的抉择和舍弃。于是，有人会不失时机地提出：在物质极度贫困下，在只剩下为了活着而活着的时候，人是不奢谈精神的。在一定程度上这无可厚非，马克思也说过“意识是物质世界的发展产物”。然而，真正的苦难就在这里，知识分子始终是清醒的，只要他们活着，只要有一点命运遗落的间隙，他们就会被自己已有的知识重新带回知识的殿堂，去面对种种灵魂的拷问。正是如此，章永璘才总会在夜深人静的时候，不得不面对另一个自我，开始审视“白天的种种卑贱和邪恶念头”，在原有的精神世界里“带着对自己深深的厌恶”，并说：“可怕的不是堕落，而是堕落的时候非常清醒。”可见，在一个散失理智的世界背后，还有一股灵魂的细流，它能实现最后的拯救。

我的确相信，知识分子是无法被打回原形的。

到这里，似乎已经可以看出，正是这种残存的精神，章永璘才最需要一个理解者，一个同情者。这也正是马缨花对其产生爱情的种种可能中最基本的因素。很多人意外于马缨花对章永璘表现出难以理解的一见钟情，却不知道这种爱情的表征并不是那么突如其来。首先，我们要知道，马缨花之所以开着“美国饭店”而不招人非议，文本中是给出合理解释的，“他能取得农工们的好感，绝不是凭她的姿色或采取了什么方法，只是对人人都抱有善意和同情心的人，才能自然地取得人人对她的善意和同情。”这就足以解释一个女子对一个初次见面且刚从劳改队出来的人毫无嘲笑和鄙薄的温柔与怜悯，这都缘自那一句“唉——遭罪哩！”另一方面，马缨花不知从何种途径得知章永璘是“唱诗歌的‘右派’”，这便唤起她的好奇和某种习惯的情绪。要知道，在中国由于历史文化的积淀，平民百姓对所谓的知识分子总抱有一份神圣敬意的卑微心理。这种习惯的意识趋使马缨花会说海喜喜“你就懂得吃饱了不饿”，而对章永璘的诗和故事发生兴趣。自然这无疑会给章永璘某种心理上的暗示，并在温馨的氛围中逐渐走进彼此。

当然，作为男性的章永璘不会不对美丽的马缨花（或者说作为异性的女人）产生心理和生理上的反应。如章在第一次见到马的时候，“我从来没有跟妇女一起劳动过”。接过马樱花的钥匙的时候，“我翻来覆去地看了看，感激地抚摸着它，仿佛它是她的手”。这些心理上的描写无疑在给我们透露一个男性的生存状态，一种生理上的压抑。这就是以下即将分析的“性心理”。

二

随着章永璘与马缨花的逐渐彼此知觉，一件无可避免的事情正向她们走来，那即是性爱的积淀与觉醒。我们无法否定一个知识分子在曲折年代里必然会遭受这种生理上的压抑。正如张贤亮在另一部小说《男人的一半是女人》里透露了某些信息，章永璘在“独立家屋”中对“女鬼”的幻想：“而我，却搂着我的姑娘入睡了。我把被窝留出一个空档，这里睡着她柔软的，却是虚空的身子。”这里是对一个异性的妄想，是一种无能为力的环境下对性压抑的不合理的释放，弗洛伊德也曾说：“妄想本身起源于愿望，是一种自慰。”[2]正好证实了这一点。

而《绿化树》中的章永璘面对着的是一个活生生的有着南国女儿之美的马缨花，她对他关怀备至，使他在许久的“失爱”中重新沐浴在爱与被爱的光芒中。但正如弗洛伊德的潜意识论所说的那样，我们也并无必要去否定一份纯洁的感情中带有“肉欲”的成分，它无法避免，也不会玷污爱情。作品中这样写道他们第一次走到性爱的边缘：

“今天，我特别兴奋，有几分迷迷糊糊，但又似乎非常明确地感到，今天晚上将要发生什么事情。我怀着一种来自想象的醉意，既甜蜜，又有几分忧伤。这种醉意使我的意识像暮霭一样在田野上飘散了。”

可见章永璘潜意识中的性欲已在若隐若现，是一种期待和假想，却又无法控制。再看章永璘眼中马缨花此时此刻的反应：

我进了门。一定是我脸上焕发着特别的光彩，一定是我目光中有奇异的神色，因而，她也用一种异乎寻常的、闪烁着灼热的光的眼神凝视着我。

她轻手轻脚地爬下炕。伸了伸棉袄，两手在脑后拢了拢头发，向我嫣然一笑。我觉得她脸上第一次出现了娇羞的表情，两颊红扑扑的。……在她两手顺向脑后的时候，腰肢略向后倾，整个神态在我眼里是被爱情摧残的慵倦。

其实这并不是一个特别的夜晚，章只是如往常一样被马缨花叫去钉被海喜喜扯掉的纽扣。而他们都同时感到了时机的成熟，感到爱的牵引和水到渠成。尽管这种性的冲动，最后被马缨花带入一个更高的境界，引起的却是章永璘永久的失眠和忏悔。

无可否认的是，章永璘心灵深处是体会到一种男人的挫败感的。葛红兵认为，“男主人公有某种隐含的优越感，他通过‘强暴’来感谢、报答女主人公给予的‘生活关照’‘精神怜悯’。他认为，男人施予女人以‘性’具有某种封建帝王那种‘临幸’的色彩，男人的‘性强暴’具有某种感激对方的‘能力’，这是一种‘性强暴=施恩’的逻辑。”[3]不管章永璘是否意识到这一点，但他的确认为“公子落难，下层妇女搭救了他，他只要一脱险，马上就想着占有这个妇女，并把这种举动当成一种报答”是他需要忏悔的一大罪过。这是一个“失误动作”[4]，无论他承不承认。

所以，两性的吸引应是他们爱情的一个支点。

三

最需要说明的是作者创作过程中的心理动机。巨大的灾难总是造就伟大的艺术，强烈的心理渴望并不羁绊于理性的沉思，发自内心的灵魂震颤，足以诠释艺术的生命激情。张贤亮一生从右派到劳教、管制、坐牢等历二十余年，他自己在《绿化树》英译本自序中也说："本书是一部长篇自传体小说中的一部分。"可知作品中的章永璘无疑是他情感的一种宣泄，他对章永璘的心理把握是有切身感受的，马樱花的爱情也是他理想的情感构建。作者曾说："社会身份和经济条件都不允许我感关雎而好逑，于是我只得做各种各样罗曼蒂克的梦。"马缨花对章永璘的爱即使是突兀的，也是作者对一个苦难中的知识分子的有意安抚，让章永璘及作者本身都看见一种人性的希望。同时，马缨花以作者一个梦的潜在身份，在不需要太多铺垫的情况下如神女突然降临，带着爱走进一个困厄中的知识分子的精神世界，让其得以慰藉。

另外，如前面提及的那样，我们无法忽略掉一个事实：中国历经数千年的文明，在男女身份不对等的情况下，中国文人形成一种根深蒂固的浪漫主义情结，从而将女性置于一种服务者和必要时的拯救者的地位。男子的落魄无法离开一个美貌而温柔的女性的陪伴。尽管"'五四'阖上了中国数千年古典文学的门，同时打开了文学的一片崭新天地"[5]，但这种改变主题或方式的泛化，文化心理依然影响着其后一代代的文人，如汪曾祺、曹文轩等都有这样的反映。

朱大可曾忧心忡忡地说："我们的公民则拒绝一切提供新的想象经验的文本，这种针对浪漫主义的抵触姿态，导源于大跃进或文革时代的国家浪漫主义的痛楚回忆。”[6]这只是时代的伤痕，一待它平复，不死的精神必会死灰复燃。尤其在现代商业社会中，人心逐渐麻木，面对温情会有本能的渴望，也会倾向于想象中的或文本中的浪漫主义。因此从读者的角度来说，《绿化树》带给人们更多的不是马缨花对章永璘爱情（或关心）的无法理解，恰恰是潜在的情感认同征服了读者。大众心理层面上对一个落难的知识分子报以同情之外，更把温柔美丽的马缨花当作不可或缺的温情期待。而著者很显然把握了这种民众心态。

作者曾这样形容自己笔下的女性，“因为那都是我，也只能是属于我的梦中的‘洛神’。”但她们又何尝不是章永璘及广大读者心中的‘洛神’呢?

注　释

[1]张学正等.文学争鸣档案:中国当代文学作品争鸣实录[M].天津:南开大学出版社,2002.

[2](奥)弗洛伊德.精神分析引论[M].西安:陕西人民出版社,2001.

[3]葛红兵.中国当代文学中的身体话语[J].社会科学.2008(3).

[4]同注释[2].

[5]袁行霈.中国文学史[M].北京:高等教育出版社,2005.

[6]朱大可.逃亡者档案[M].上海:学林出版社,1999.

嗜

近来翻看叶嘉莹先生整理出版的顾随课堂讲解录《中国古典文心》，有一句话引起我的注意，引在这里，正好可作“嗜”这个话题的总目。这话是：

“书、物、心三方面都做到家，文才可出来。”（第66页）

那么，我以为文人所嗜，也正在这“书、物、心”三个维度。

（注：在此文中“嗜”与“癖”恕不作区别。）

大美不言

先说嗜书的人。

书的好处，反复被人嚼了许多回，再说感觉已无十分趣味。但有一点，需要告诫学子们，凡事都讲好处，未必有好处，好处往往不在有好处之处。

举个例子。某生自幼不读书，十几年光阴都虚耗在几本教科书上，因为父母经验和亲身经验都证明，不读书照样能应付学校考试，搞不好还能混成优等生。一日，大约是受到我的启发，姑且这样认为吧。他匆匆求我给他开了些书目，买了来读。大约过了几个月，他颇有些疑惑地来找我，对我说：“老师，你推荐的书我都看了，可我的语文成绩和写作能力也没提高多少，反而因为读书，耽误了不少时间，其他科目也受到波及！”

记得他当时的神色，绝不是有意为难我，而是真的陷于困惑，因为现在的中学生每天要学的科目少则六科多则九科，读书，的确难以立竿见影，没有实在的好处。

我还能怎样回答他呢？我想好处不是说出来的，对这个学生只好报之以无言，反倒有些愧疚和遗憾了。

看到网上的一个调查报告。

2011年我国国民人均阅读图书4.35本。同一时期，日本40本、韩国11本、法国20本、以色列60本。还有来自联合国对世界500强企业家读书情况进行调查统计的数据：日本企业家一年读书50本，中国企业家一年读书0.5本，相差100倍。再就是来自网上的一项相关国家每年人均购书量的数据：以色列64本、俄罗斯55本、美国50本，而中国平均每人每年购书不足5本。

不知道这些数据的可靠性如何，但我们自己读书少是一定的。为什么中国现在流行“土豪”这个词？有钱没文化当然土。尤其是“土豪”中流行的“凡是钱能解决的问题都不是问题”这类口头禅，足见一个民族的隐患。

原因是什么，分析得已经很多了。大家最常挂在嘴边的就是没有时间。

真的该感叹，时间都去哪儿了呢？我想，大约都投身社会主义建设的洪流当中去了吧。自改革开放以来，上至国家下至省市，无一不讲GDP，经济发展一路高歌猛进，大有民族复兴、睡狮将醒、潜龙欲腾之势。但是，我想问，只读半本书的企业家难道都是宋朝开国丞相赵普能“半部《论语》治天下”？大家争分夺秒在这个浮躁的社会摸爬滚打，瓜分社会资源，而当一切“瓜分”尘埃落定，我们又将以什么样的心态来面对成功、财富和平静？

不读书，好比高手论武，花拳绣腿能羡煞旁人，但根基不稳、内修不足，怕难以挫身心内外的强敌。

因此，若有人非要我讲出读书的一个好处，大约是获得平静吧。很容易理解的就是，时下很多成功者朝夕之间就成为万众唾骂的失败者，原因就在于仅凭欲望推进人生，却不知欲多而伤身。这种人生多少都带着自毁程序的。

读书使人平静，而平静犹如禅境。有禅境的人自然能压制心魔，正如诗佛王维所言：“安禅制毒龙”。（《过香积寺》）

嗜书莫道是寻常

古人留下几句话，今天还有些坏影响，那就是所谓的“书中自有千钟粟，书中自有黄金屋，书中自有颜如玉”，出自宋真宗赵恒的《励学篇》。这完全是招揽士子的帝王术，虚拟出一个美妙的聊斋罢了。

对于那些纯粹的文人，并不以此自误。

晋朝有一名儒将，叫杜预。据说是诗圣杜甫的十三世祖。大概是杜甫这个杜家后人上千年来名声太盛，使人们有些忽略这位杜家先祖。

客观地说，杜预是一个文武双全的人，在世俗之功这一点上远胜于杜甫，尤其是乱世。杜预生长于三国乱世，有两类历史身份：一是西晋时期著名的政治家、军事家，灭吴统一战争的统帅之一；他另一身份是个出色的学者，时朝野称其为“杜武库”，谓其学识渊博，如武库兵器，样样具备。就像小时候学习造句一样，“是什么”这种句式的语义力量总是被“不仅是什么，还是什么”给弱化，在递进语气的强化中，实际暗示了人们的情感向度。相比杜预，能武者很多，能文者也不少，而文武兼具且很有成就的着实寥寥。

《晋书·杜预列传》有这样的记载，说当时被晋武帝司马炎选为女婿的王济好马，名士和峤则嗜钱如命，于是杜预评价他们是“济有马癖，峤有钱癖”。武帝听说后，就问杜预：“卿有何癖？”杜预得意地回答说：“臣有《左传》癖。”

这话的潜在意思就是，我杜预比他们要高明得多，我喜欢读书，而且是读《左传》。就因为这一问一答，后世就有了“左传癖”的掌故。不过杜预确实是智慧超群、学识卓越。精心研究《左传》并有建树，写出《春秋左氏经传集解》《春秋左传正义》等书，并且惠及今日。

我想，对杜预来说，嗜书的另一层意义就是心性的养成。《晋书·杜预列传》还记载，说他“既立功之后，从容无事，乃耽思经籍……比老乃成。”意思就是告诉我们读书的心态即从容、耽思，“耽”的汉语意思就是沉溺、入迷的意思。而“比老乃成”，从另一个角度说明，读书的心理基础还应有执着而至死不休的毅力。

所以，一读书便谈好处，便有些急功近利了。

话说回来。自从孟子一句“穷则独善其身，达则兼善天下”

（《孟子·尽心上》）成为世范，仿佛这就是一条“文人之路”，但这条路实则隐喻着文人面对政治的光明与暴力时的投机心理，即高尚又尴尬。而杜预身上似乎看到一种刚柔相济的理想模式，或为文人效慕。陆游《观大散关图有感》中有“上马击狂胡，下马草军书”一句，说的就是希望男儿能文能武的文人情怀。用之当下，驰骋滚滚红尘之中时，文武皆修之道仍有意义。既要获取世功，亦能淡忘世功，超越世功。

其实杜预只是在人类精神长河中跋涉的一毫而已，自古而今不乏其人。

我特别喜欢唐代诗人李廓《上令狐舍人》中的几个句子，他说：“名利生愁地，贫居岁月移。买书添架上，断酒过花时。”这个李廓诗名可能不大为普通人所知，但却深味书中况味：人生之烦愁皆来源于名利，与其如此不如在贫居之中饱览诗书，求得心灵的富裕。正如明人归有光“借书满架，偃仰啸歌”，李廓则说把书买来置于架上，以待贫穷无酒时以书为伴度过百花盛开的时节。想此情景，春花烂漫，而花下有书生执卷，亦是一场美事。

现代作家郁达夫也是一个著名的书痴，他在《自况》一诗中坦言，“绝交流俗因耽懒，出卖文章为买书”，也就是说他一生写文章赚钱，目的就是用稿费来买书，而不是在某个地方买一所豪宅。而且他透露给我们一个信息，就是好社交，沉迷流俗会干扰一个人对精神世界的持续关注，所谓“耽懒”实则是文人对个体心灵的一种自觉保护。

不过，穷困实是读书人的大敌。

比如宋濂在《送东阳马生序》中自述：“家贫，无从致书以观，每假借于藏书之家，手自笔录，计日以还。天大寒，砚冰坚，手指不可屈伸，弗之怠。录毕，走送之，不敢稍逾约。”一个好书者的窘境和克服这种窘境的艰辛实在令人动容。同样是“抄书”，大儒黄宗羲年轻的时候抄书已达疯狂境界，黄百家《先遗献文孝公梨洲府君行略》记载说：“府君抄书，寒夜必达鸡鸣，暑则拆帐作孔，就火通光，伏枕摊编，以避蚊嘬。”后来，黄宗羲抄书成瘾，还与人组成了抄书社，令人既讶且异。

还有文史界一代宗师陈寅恪，他出身于书香门第，也是一个嗜书如命之人，据说他在美国哈佛大学求学时，每月100美元的生活费。对这100美元他的经济算盘不需很精细，就两样：吃和买书。他拿出30美元用于伙食费，其余的70美元大部分用来买书。他的同学吴宓在日记中这样写道：“哈佛中国学生，读书最多者，当推陈君寅恪及其表弟俞君大维，两君读书多，而购书亦多。到此不及半载，而新购之书籍，已充橱盈笥，得数百卷。”

如果说省钱买书不足为怪，那欠钱买书就有点奇了。此人就是胡适。他1921年6月9日的日记，就会看到这样一段话：“这两天共还书店债一百二十元（镜古40，文套40，带经20，松筠20），现在只欠一百块钱的中国书债了。”作为北京大学的教授，有自己不菲的薪水和丰厚的稿酬以及可观的编辑费，却还欠下了书店许多债务，似乎有点不可想象，但我们从他家中20个大书架都装满书籍来看（石原皋《闲话胡适》中说他有40架书），他购书之多也可见一斑了。（此处援引网络资料）

而且贫居者还有一种力量就是能苦中作乐。这事不需说古人。曾经我有一个张姓同学，家贫而好书，书店里的那些“精装豪门”时常令他望而却步。他购书途径一般有两种，一种是二手书市场，一种是盗版书。笔者曾有同他一起去二手书市场选购的经历，那里的书多是别人因破旧而弃之不用，且良莠不齐，大都被书商胡乱归置一起，活像一个荒凉的“书冢”。我们只好在这“书冢”之中大海觅珠，往往几个时辰才能寻觅出一本心仪的好书。等淘书结束，我们已两手灰黑，互相举着，相视苦笑。对于盗版书，也有他的独家门道，你会经常看到他捧着一本书，边看书边查词典，并且在书上作详细的订正。他曾笑言，如此读书，才可曰精细，而且获益多多。回想当年情景，可叹自古以来贫寒之士，却有许多人因折腰于孔方兄而饮辱！

好书者时贫穷，好名者常富贵。或许这也是上天给人的精神磨砺，能安贫乐道者，大多是在世俗的困境当中，生活被物质挤压，然后在不断的克服和抗拒中，最终爆发出个人生命的无穷张力。

人类的文化精英，读书问道，最初多是在这种境况中成长起来的。这种情况古代为甚，曾有人统计，像东汉时期，人们受教育的比例极小，以一百万人口之中每一千人受过完备的教育计，有一定文化程度的人也只有四万人左右。但我国高深莫测的精神原典很多都是出自这些少数人手中。而相较于当下，“博士生研究生本科生生生不息”的时代，却不得不面对钱学森“为什么我们的学校总是培养不出杰出人才？”的世纪之问。或许，精神的强大张力本身就与富裕的物质相悖？

别有一番滋味

当然，一些人读书是为了写书，传承或者创作；也有一些人是为了从书中获取一种令人浑身舒爽通透的神秘力量。或许居后者更多。

对于读书带来的精神享受，一位网友形容得很好，引在这里：

> 这是一种因书带来的相知相通之感，犹如笼罩在上帝的精神之光下，被这束光亮照耀的每个人都在彼时彼地成为最知心的亲人，共同享受因为一章一句一词带来的精神上的战栗和高潮。他们呼吸过旧纸堆里相同的历史气息，因为书的牵系，而至灵魂也暂时逃离孤独，站在同一高度上，体验到与另一个人共命运、同生死的快感，继而同喜同悲、同欢同泣。
>
> （《嗜书如命的人都寂寞》）

我想，这位网友的读书体验也正是很多嗜书者共有的感受，语词带给人极致体验，尤其是汉语通过千变万化的组合排列之后，构建的不单是一个平面的视觉现象，而是抵达晋人陆机《文赋》所谓“精骛八极，心游万仞”的无穷空间。同时，我们还能逆转时间之流，神交古人，在“寂然凝虑”之中“思接千载”。（南朝·梁刘勰《文心雕龙》）

那么，如何才能抵达读书之美呢？一个字就是品，通俗来讲就是咂摸。

当我读到捷克作家博胡米尔·赫拉巴尔的《过于喧嚣的孤独》时，第一页就打动了我。主人公汉嘉，一个在废纸堆中工作了三十五年的打包工这样说他的读书之路：“因为我读书的时候，实际上不是读，而是把美丽的词句含在嘴里，嘬糖果似的嘬着，品烈酒似的一小口一小口地呷着，直到那词句像酒精一样溶解在我的身体里，不仅渗透到我的大脑和心灵，而且在我的血管中奔腾，冲击到我每根血管的末梢。”

我想只要是稍有性灵的人，一旦读到这一个片段都会为之触动，都会在灵魂深处释放出一种莫名其妙的芳香，仿佛我们一直无法科学证实的神秘世界在自己面前豁然洞开。我们看到古往今来思想的舞者在我们面前闪现，他们风格迥异的言辞，像在初春甘霖润泽之下不断发芽、蔓延、生长的藤蔓触须，娇嫩欲滴。当那一滴未滴之露，终因你虔诚而执着的品读滴落于你的心怀，心里就会“注满了一种辽阔感，无边无涯，极为丰富，无尽的美从四面八方向我喷溅”。

这样一番美妙滋味还能怎样向你呈现呢？虽说天地之大美，“意之所随者，不可以言传也”（《庄子・天道》）。不过，若依庄子所言，不可言而言之即有违天道。但天下慧心者始于愚钝，择善而从，教化天下，可能这才是人类的大美。大约也是书籍存在的根本缘由，需要后世不断阅读、领悟、传承。

再说天寿有时尽，何况人寿？岁月不居，众生凡尘终将在繁华之中喧哗一世，若能在书中偶然觅得一亩精神的花田，知道为何总有人为某一个山中的晨曦而欣喜，知道为何总有人冷眼看尽隔岸红尘，知道什么是诗意的栖居，当轩青嶂的你便学会了从纷繁世界的另一面看这个世界。那样，是否也就看见了智慧呢？

人一辈子，总该有那么一次绝美的感受吧。

另外，苏轼“八面受敌”读书法、欧阳修的“读书三上法”、董遇“三余”读书，颇值一观，也附录在此。

元人陈秀明《东坡文谈录》中载：“少年为学，每一书作数次读。当如入海，百货皆有，人不能兼求之……如欲求古今兴亡治乱，圣贤作用，且只作此意求之，勿生余念。事迹文物之类，又别一次求。他皆放此。若学成，八面受敌，与涉猎者不可同日语。”苏东坡讲的“每一书作数次读”、每次“且只作此意求之”，就是把一部书按内容分成若干项目，一个一个有重点地深入学习、研究，集中精力打“歼灭战”，然后在分项研究的基础上，进行综合，达到融会贯通。这样就算“八面受敌”皆能应付。“受敌”指经得住考验，抵挡住各种疑难的袭击。这的确是苏东坡读书、治学的经验之谈。

读书的地点选择可学习欧阳修。“余平生所作文章，多在三上，乃马上、枕上、厕上也。盖惟此尤可以属思尔。”（欧阳修《归田录》）虽说为文，实则读书耳。

读书的时间选择可学习董遇。三国董遇有“三余”读书，谓“冬者岁之余，夜者日之余，阴雨者时之余也。”（陈寿《三国志・魏志・董遇传》）也就是说冬天是一年的空余时间，夜晚是一天中的多余时间，下雨的日子随时有余。实则劝告人们读书要善于利用零星时间，做到时时可读书，处处能读书，使读书完全生活化。

话说回来，无论何种读书法，若能得一番趣味，都是好方法。

嗜酒，一种文人的符号

除了书这种文化载体以外，文人们还会寻找很多东西来寄寓性灵。

最得世人称道的当然是文人嗜酒。陶渊明《晋故征西大将军长史孟府君传》："温尝问君：'酒有何好，而卿嗜之？'君笑而答曰：'明公但不得酒中趣耳。'"此例可谓意至。

前面刚说了嗜书，这里先从与书有关的说起。

世间流行的说法是喝酒要有下酒物，而有一个人叫苏舜钦，此人下酒物不是美味佳肴，而是书。所以，这个人头上三尺顶着一个"汉书下酒"的历史光环。

苏舜钦是北宋词人，是仁宗朝重臣杜衍的女婿，支持范仲淹的政治改革。有关他读汉书下酒的典故记载在元朝一个叫陆友仁的《研北杂志》中。先把原文录在这里：

> 苏子美豪放不羁，好饮酒。在外舅杜祁公家，每夕读书，以一斗为率。公深以为疑，使子弟密觇之。闻子美读《汉书·张良传》，至"良与客狙击秦皇帝，误中副车，遽抚掌曰："惜乎，击之不中！"遂满饮一大白。又读，至"良曰'始臣起下邳，与上会于留，此天以授陛下'"，又抚案曰："君臣相遇，其难如此！"复举一大白。公闻之，大笑曰："有如此下酒物，一斗不为多也。"

意思是说，苏舜钦不仅好酒而且是豪饮。他在岳父杜献公的家里时，每天傍晚读书时以喝完一斗为限度。一斗是多少呢？据说唐代一斗相当于6000毫升，宋代相当于2400毫升。也就是说苏舜钦一个晚上喝个四斤多应该是没有问题的。

但苏舜钦别具一格的却是，他耽于的不是酒本身，而是酒之外的书，否则只能算低级的酒徒。这与欧阳修的"醉翁之意不在酒”很相似了。读书读高兴了，痛快了，拿起酒杯就是“一大白”。

这大约就是古人好酒的一个原因，好书配佳醅，愉悦身心！

若逆时间之河而上，还有更多因酒而迷离的身影。

在中国，酒进入人们的生活是很早的，商纣时期腐朽的宫廷生活就已有“酒池肉林”的描述。但酒真正与文化融合在一起，大约要从汉代算起，因为那是士大夫兴起的年代。有人说，酒因曹操而步入文化的殿堂，这个有极高文艺修养的武将竟然能在刀光剑影的罅隙里窥见艺术的神秘之光，吟出一句“何以解忧，唯有杜康”，仅凭这一句就打通了文人与酒的心灵通道。

从此以酒浇愁、以酒泄愤、借酒抒怀成为淡化艺术与现实冲突的行为艺术。

“竹林七贤”是这一行为艺术的最好体现。今天看来，魏晋尚清谈，有足够的政治背景，文人的精神家园由于社会的无常而大崩溃。于是在个体的寻找与重建中，酒成为极好的文化工具。

阮籍是借酒进行有效保护的典型。作为“竹林七贤”颇有代表性的一位，无论是“家学”还是“家世”都举足轻重，其父阮瑀是“建安七子”之一，以诗文名世，曾经做过曹操的司空军谋祭酒等职。但到了阮籍一代，遇上司马家与曹氏争权的高峰时期，他的言行发生流变，留给世人狂傲、我行我素的不羁形象。

典籍可查的几次阮籍与酒的关系，原委如是：晋文帝司马昭想和阮籍结为亲家，阮籍为了躲避此事，大醉六十日。史书上说晋文帝派来的求婚史“不得言而止”。阮籍很聪明，他知道应对权贵最聪明的办法就是装糊涂，把自己灌醉，不给对方说正事的机会。如果此事只能算是文人的一点谈资的话，那么下面这个事却直指一个文人的内心。话说阮籍大醉之后，常常一个人驾车出去，随兴所至，并不选择道路，如果走到路的尽头，就大哭而返。这个“穷途之哭”是文人内心痛苦与尴尬的缩影，平日里哪里有狂放不羁、睥睨世俗的本心？只是时事使然，归于一个“不得已”罢了。

同时的以酒遣怀的竹林贤士中，嵇康喝酒则喝出了一种美态。《世说新语·容止》说他醉态如“巍峨若玉山之将崩”，全不像世人的酒后吐秽、腌臜不堪，反而是诗意的酒醉，伟岸之中带一丝飘逸，仿佛仙人风姿。当然少不了刘伶，他自称“天生刘伶，以酒为名，一饮一斛，五斗解酲”。这首随口诗是什么情形下吟出来的呢？原来每天晚上，他都先狂饮五斤酒，然后才呼呼大睡，有时半夜醒来，还要再喝，他的夫人对他日夜狂饮的恶习深表不满，把家中的酒和所有的盛酒器皿、酒壶酒杯全丢掉。有一天，当夫人劝他别再喝时，他就对夫人说：“那就让我先祭神，祈神灵保佑后再说，我要拜神，何不先帮我买五斤酒和一些肉回来，让我有酒肉来祭神？”夫人耳软，听了照办。有了酒肉，刘伶兴致勃勃地吟起诗来：“天生刘伶，以酒为名……”然后咕噜咕噜地把五斤酒一饮而尽！更为神奇的是，传言他不知喝了哪一位酿酒大师的佳酿，居然醉了三年。

也许我们今天依然艳羡魏晋名士的任性不羁，向往看起来很美的“自由”，但读者切莫忘了，顶着名士光环的当年，每个人背后都有着“忧生”的阴影，在醉醒之间死神的翎羽时常会一闪而过。这种恐惧与不安在心底郁结，最终演变而成狂醉与长啸。

此外，文人饮酒始终与文艺创作联系起来。翻开诗歌的长篇，飘逸李白还在“长安市上酒家眠”，王翰又枕戈把盏，高歌“醉卧沙场君莫笑”；这边王维刚情义款款“劝君更进一杯酒”，白乐天马上询问“晚来天欲雪，能饮一杯无？”……仿佛酒总怀揣某个神秘的精神锁钥，在无论是风花雪月还是旷野沙场的所在，将文人的内心悄悄洞开，放出拘禁在灵魂深处的美词，汇聚诗韵的河流。

可能正如今人常说酒后吐真言，核心全在一个“真”字。而在封建伦理束缚之下，很多人难求一个“真”。现实使人们普遍感到生命的短暂、无奈、痛苦，时不时地促成文人敏感细腻心灵中对生命的悲观。酒的出场，使人身心放松，暂时忘却忧愁，并可尽情发泄内心的喜怒哀乐。

由于“真”往往对“伪”形成巨大的杀伤，使沽名钓誉者无所遁形，也让胸有乾坤者品格昭彰，所以诸葛亮有七种知人之道，其一就是“醉之以酒而观其性”。但不知为何，据说曹操曾发布禁酒令，可是到了陶渊明在世，酒喝得更凶，以至白居易说他“篇篇劝我饮，此外无所云”。不过从文人的范畴来看，酒一定程度上参与了古代文化的建设与出产，导致连强权如曹操也在酒与诗的场域里无可奈何。

如果我们跨出这个让人流连的国度，把目光投向与我们一衣带水的日本，酒对文人文化的促成依然有迹可循。对日本近代有个诗人还有些印象，这人名字非常美妙，叫若山牧水，这四个字绝不是科学理性能给予的想象空间，幽泉出深山，娓娓如刚柔起伏的和歌。他曾以鸟喻人，说：“白鸟哀婉，不容于天之澄碧，亦不容于海之幽蓝。”（《白鸟之歌》）日本俳句的优点总是如大师说禅，只言片语蕴藏大道。而正是此人，每天喝酒一两升，死在盛夏，尸体却不腐，连医生都惊叹他可能活着时就泡在酒精里。

特别有意思的是，日本有一种磨米而酿的酒叫“吟酿”，这个“吟”真是道破玄机，喝酒吟诗不正是最美的诗人态么？

万千癖好观性情

文人通过酒，虚拟世界，或者说淡化现实，从而使心灵在假想之中享受心灵桃花源的安抚。但除了酒，文人情怀还可假于何物？

明朝文学家袁宏道写过本介绍花瓶、瓶花及其插法的艺术散文《瓶史》，此文之中对于文人嗜好作了这样一番论述：“嵇康之锻也，武子之马也，陆羽之茶也，米颠之石也，倪云林之洁也，皆以僻而寄其块垒俊逸之气者也。”

“以僻而寄其块垒俊逸之气”说的就是文人通过对凡物的迷恋或彰显或寄托自己的品性。文人内心丰盈充实，各色癖好也如繁星浩瀚，总是在世俗单纯的物质迷恋中隐隐约约，又熠熠生光。

由一种癖好而走向极致的是元代南宗山水画的代表画家倪瓒（即倪云林），他和黄公望、王蒙、吴镇并称为“元四家”。同其画名一起传于后世的就是他那出了名的洁癖。此人家本富裕，祖上是一方大地主，又是道教的上层人物。需要脑补的就是在元代，道教的上层人物地位很高，有种种特权，既无劳役租税之苦，又无官场倾轧之累，反而有额外的生财之道。倪云林在这种物质的养育和政治的优惠下，受教于道家真人，养成了清高孤傲，洁身自好，不问政治，与儒家的入世理想迥异其趣的生活态度。

在这种心性前提下，言行举止有颇多奇异之处。明代冯梦龙编辑《古今笑史》的时候将他的事迹列入“怪诞部”，明人还编过一本《云林遗事》，专门描摹这个画坛怪客，由此可见一斑。据冯梦龙的描述，他的洁癖古今无匹。首先是关注身外之洁，书房里所有零星的物件儿，都要让两个僮仆不停地拂扫尘土。厅堂前有棵树，早晚都要挑水来清洗，以至于竟把树洗死了。冯梦龙的记载中还说，一次他留客住宿，夜里听到咳嗽声，次日一早就命人仔细寻觅，有无痰迹。仆人找不到，假说痰吐在窗外梧桐树叶上，他就捂着鼻子闭着眼睛，叫赶快把叶剪下，让那僮仆拿去直扔到三里以外。

通常人们会这样讥讽有洁癖者：“难道你就不拉臭吐秽？身体的自然排泄总是不洁净的吧？”估计倪云林早料到此着，他是怎么做的呢？《云林遗事》记载倪云林的厕所是这样的：“其溷厕以高楼为之，下设木格，中实鹅毛。凡便下，则鹅毛起覆之，一童子俟其旁，辄易去，不闻有秽气也。”我常认为爱好促成人的创新和发明，洁癖亦如是。倪云林的做法就是在厕所中铺上洁白的鹅毛，大便一下，轻盈的鹅毛便能迅速扬起，将秽物覆盖。如此一来不仅闻不到臭味，也真正到达了目不睹秽的地步。

其次，倪云林更关注身内之洁。他不事权贵，曾得罪了江浙一带的义军领袖张士诚的弟弟张士信，原因就是张士信想向他讨画，就命人拿着绢上门，酬以重金。倪瓒愤怒地说：“我可不是什么王门的画师！”当即把绢给撕了。张士信从此恨上了他。一天张士信和几个文士游太湖，听到一个小舟中有异香。张士信说：“这儿肯定是个好地方。”急忙把船划近，一看，竟然是倪瓒在里面。张士信大怒，便要杀了他。众人都帮着劝救，可还是打了倪瓒数十下。自始至终倪瓒竟不说一句话。后来有人问他：“当时他那么侮辱你，你却为何一语不发？”倪瓒说：“一说就成了村夫打架，就俗气了。”

这一件事很有社会意义，我们应该会意：与匹夫争气，常伤在自身，也会因此“小”了自己的格局，最终就与匹夫无异了。

明何良俊云：“云林书师大令，无一点尘土。”艺术的巅峰体验大约如是，往往需要艺术家保持内心天然纯净，不惹凡尘尘土气。倪瓒擅山水、竹石、枯木等，今观其画淡雅松秀，意境荒寒空寂，风格萧散超逸。淡墨画繁简，胸中逸气在山水竹石间如烟云轻系，一派山水似是而非，其间总觉画家的气韵流动。

说了画家，再谈文人。

佛家云：色即是空。也有人说，不近诸色，怎知色空？换种说法，就是文人创作的源头来自感悟，而感悟是要有经历为基础的。恰如文人对凡物的嗜好，往往在爱到极致时候，体认到物我之间微妙的关系。陶渊明独爱菊，菊花变成生活的一部分，于是才有了“采菊东篱下，悠然见南山”的浑然天成。

明人张岱曾撰《自为墓志铭》，坦言“少为纨绔子弟，极爱繁华，好精舍，好美婢，好娈童，好鲜衣，好美食，好骏马，好华灯，好梨园，好鼓吹，好古董，好花鸟”，虽有纵欲玩世之嫌，但此人精于生活之道，这对他那清新活泼、形象生动、广览简取的诸般散文创作来说是功不可没的。此外，他在茶道上的造诣也当得起惊世骇俗的评语。

张岱有一颇为自得的名言：“人无癖不可与交，以其无深情也；人无痴不可与交，以其无真气也。”在这里，一个人有无癖好成为“观性情”的一个重要门径。言外之意：癖，其实可以理解为一种执着，一种根深蒂固的信念，一种为人处事的原则。也就是做事为人不圆滑世故，不朝三暮四地让人摸不透、吃不准，不让人担心今儿说的话许的愿，明儿又得重新提醒还记不得的人。说白了，就是实诚的人，憨厚的人，老实的人。

与之类似的是前朝的关汉卿。他在《一枝花·不服老》中坦言：“我玩的是梁园月，饮的是东京酒，赏的是洛阳花，攀的是章台柳。我也会围棋、会蹴鞠、会打围、会插科、会歌舞、会吹弹、会口燕作、会吟诗、会双陆。你便是落了我牙，歪了我嘴，瘸了我腿，折了我手，天赐予我这几般歹症候，尚兀自不肯休。则除是阎王亲自唤，鬼神自来勾，三魂归地府，七魄丧冥幽，天啊，那其间才不向烟花路上走。”这段硬气又任性的自吹自擂，倘若知了当时的时事，未必不是一个文人内心与传统礼教的决裂立场。

特别奇特的是，袁宏道也说：“余观世上语言无味面目可憎之人，皆无癖之人耳。”真是文人所见略同。我认为，无癖嗜，则无心耳，而世间最难得“有心人”。

心，无法测量的空间

首先要提醒读者的是，上文所举并非鼓吹物欲，以此给玩物丧志者提供历史的依据，更成为他人“投其所好”的肇端。

虽然我们很容易批评一个人玩物丧志，其实核心问题不在“物”上而在“志”上。木心有一言：“玩物丧志，其志小，志大者玩物养志。”此言能洞悉“玩物”之妙。

文人所嗜与凡人所贪，最大区别就在于炼心上。何为炼心？大约就是抵达孔子所谓的“从心所欲而不逾矩”，也就是游走在物质这把刀锋的边缘而不为其所伤，那是心灵的智慧。

人极容易为物质的缰绳羁绊，古人警惕地说：“凡人有好癖者，鲜有不为物所役。”一旦如此，内心深处的艺术嗅觉就无法从物质之中嗅到超然物外的气息。

古人讲究“不滞于物，不为物役”。此话金庸先生似颇得其道，剑魔独孤求败无敌于天下，自言剑术最高境界是“四十岁后，不滞于物，草木竹石均可为剑。自此精修，渐进于无剑胜有剑之境”。一语道破，炼心的历程，终点竟然是道家的有无之境。

尼采说，深刻的思想总是喜欢戴面具。你看见的高歌狂饮，你所见的执迷痴癫，未必是高歌狂饮，也未必是执迷痴癫。在“物”的高度上，与之并肩的是“心”的深广。正如一句谚语“两朵云，只有在同一高度相遇，才能生成雨。”艺术，便是物心交织酝酿下的“雨”。

心，也是最难测难说的。文人心的力量，就在“他物”中体现出来。

文人善养其心。

日本有一本《集古名公画式》，上面有所谓“苏东坡赏心十六事”，这十六事分别为：清溪浅水行舟；微雨竹窗夜话；暑至临溪濯足；雨后登楼看山；柳荫堤畔闲行；花坞樽前微笑；隔江山寺闻钟；月下东邻吹箫；晨兴半炷茗香；午倦一方藤枕；开瓮急逢陶谢；接客不着衣冠；乞得名花盛开；飞来家禽自语；客至汲泉烹茶；抚琴听者知音。

纵看东坡一生，坎壈缠其身，却始终以有情之眼观苍生，以超然之心味生活。无论世态如何荒凉，他总能觅得闲心，爱上生活。马鸣禅师《大乘起信论》：粗中之粗，凡夫境界；粗中之细，菩萨境界；细中之细，是佛境界。此是言穷事物之理。

可见，养性与养心实是相辅相成的，有所嗜的人凭此二者关照生活，发现别人难以窥视之美。而鄙陋之人，无论怎样包装自己，总在生活细微之处被打出原形。

又听说倪瓒喜欢喝茶，他自己用果泡的茶，名叫“清泉白石”，若不是佳客是不给喝的。有位客人想要见他，都相求了一个多月了，倪瓒看他心诚，就答应了。客人丰神潇洒，倪瓒很是欣赏他，命人拿“清泉白石”来给他喝。客人因为口渴，两口就喝光了。倪瓒便把杯盏收了，一直到后来也没有送出。客人问他原因，他说：“碰上了‘清泉白石’，不细细地品，肯定不是雅士。”

我常想，那个“丰神潇洒”的客人，因一杯茶在倪瓒面前“露馅儿”，该是多么窘迫可怜啊。

无论什么样的文人，要进行艺术创作，要获得智慧，都必用入世而体恤的心去发现并认知生活。举一个比较极端的例子，民国有个诗人、翻译家叫邵洵美，他的作品我不曾读过，倒是听过他的一段轶事，传他好酒好赌，且提倡“雅赌”，他曾扬言越输钱，诗写得越好，赚了个“赌国诗人”的美称。从这一点看来，纵此人乏善可陈，也好过庸碌古板之人。

熊培云有篇文章《留住了的似青山还在》，此文中对嗜好与生命的深层关系有过非常好的阐释，他说：“一个人活得好与坏，很大程度上取决于他自我赋予意义的能力。我们需要找到并拥有自己所热爱的东西，借此击碎现实的荒谬。”生命有限，时间不曾宽恕任何一个人，但有些形而下又形而上的东西在天地之中长存如青山。

或许可以这样说，或高或低的癖好在文人身上演变为个人风格展现的方式、自我表达的工具，并借由这些方式和工具引起对心灵与艺术的关注和思考。有学者曾说：“无伤大雅的癖嗜文化，反而使文人形象更雅致、迷人，为后人所津津乐道。”（邱德亮）当我们品鉴文人时，也总会有意无意地将他们极致的嗜好与艺术成就相关联，那样我们才明白：哦，原来是这样有趣的一个人，创造了这样动人的艺术。

附：名家名作主题研究示例（二）

书与生命重量的均衡

——牛汉《我的第一本书》解读

牛汉是一位诗人，对于解读诗人的回忆性散文就要分析出一种诗意的狂想和浪漫。因为，对于诗人来说，生活就是被诗化的无数个意象。

诗人在童年的影像回忆中，有意识地把苦难意象的物质性与精神性并举，甚至形成一种对话模式。其实这有一点像现代心理学当中的意象对话，即通过一种心理安慰来克服有关苦难以及生存障碍的记忆。

我们知道，《我的第一本书》创作背景是二十世纪二三十年代，那时的中国农村贫穷、饥饿、寒冷，而寒冷与其说是物理意义上的，还不如理解为牛汉对儿童时期贫穷、饥饿经历的心理图解。因为苦难和天气并不存在着绝对的关联。

文章中的第一段最后一句话是这样的："我的童年没有幽默，只有从荒寒的大自然感应到一点生命最初的欢乐和梦幻。"理解这句话我们要从两个方面入手：第一，童年时期的牛汉，并没有幽默概念，如果单纯是指无食物可以饱腹，无衣物可以御寒，我们大可以追究其用词不当之嫌。那么，作者为何要用"幽默"一词呢？我们把语义还原，幽默是指某事物所具有的荒谬荒唐的、出人意料的，而就表现方式上又是含蓄或令人回味深长的特征。而二十世纪二三十年代在成年牛汉的回忆当中，就是社会、大自然对美好童年一词荒唐的捉弄，它破坏了儿童时期应有的温馨，这个"幽默"满是黑色；第二，"生命最初的欢乐和梦幻"则是真实的童年印象，作为一个孩童，还不会承担过多的社会责任——包括抵御饥饿和寒冷。儿童的天性会使牛汉在苦难的夹缝中来展现儿童天真、淘气、游戏的一面。因此，这句话，实际上是成年牛汉和童年牛汉两种身份的并举：一是满含社会责任的批判，一是童年的满心温情。

书在文中实际上是成年牛汉童年记忆的精神寄托和刻意诗化。文章的题目虽然是《我的第一本书》，但我们还要注意区分："我"对书的第一印象与"我"的第一本书。

"我"对书的第一印象实际上来源于在北大旁听过的父亲，文中写道："父亲在北京大学旁听过，大革命失败后返回故乡，带回一箱子书和一大麻袋红薯。书和红薯在我们村里都是稀奇东西。”我们又可以作两种对比：北京大学精神高冈的气息与村里“荒寒的大自然”；书的精神象征性与红薯的物质象征性。但这里，存不存在孰重孰轻的分别呢？答案是否定的。首先，父亲这个北大旁听生在荒寒的农村受到了应有的肯定和尊重，并因为父亲的“知书识礼”可以使淘气的小牛汉免于挨打（“看在你那知书识礼的父亲的面子上，我今天不打你手板了。”）这是村庄对精神世界的第一次接受。其次，牛汉刻意将“书”和“红薯”并举，而这两样在村子里都是“稀奇东西”，它们的“稀奇性”在于前者是精神意义的粮食，后者是物质意义的粮食，而这两者在养活生命的度量上都不可或缺。“书”在这里是儿童奇思妙想的寄托——“我不认字，只认画。”“红薯”则是苦难记忆中对人们空荡荡的肠胃的安慰。因此，“书”与“红薯”在生命的天平上达到了一种诗意的均衡。

而“我”的第一本书则体现出求知过程中的“撕裂”和“修补”。第一本书的出场是这样的：“简直是一团纸。书是拦腰断的，只有下半部分，没有封面，没有头尾。”其实这已经不能算一本真正意义上的书了。何以如此？贫穷与苦难。儿时的伙伴——乔元贞，因为家里买不起书，而没有书就上不成学。所以出于友谊和儿童纯洁心灵中那同情的本能，牛汉对乔元贞进行了知识的共享与平分。这种分享，感动了读者，感动了父亲，也使父亲意识到村庄教育的艰难与困境。于是他花一个晚上的时间，巧妙地将两半截书进行修补和复原。这次的修补使牛汉拥有了生平的“第一本书”，乔元贞有了生平“唯一的一本书”。虽然这两个有“出息”的孩子最终结局不一样，但他们在充满辛酸苦难记忆的童年感受到了一种亲情、友情伟大的力量，使苦难在心灵中造成的“撕裂”得到一次复原。

已经强调过牛汉的诗人身份。作为一个诗人，牛汉深知书是生命重量以艺术方式呈现的途径。纵观全文，牛汉总在诗人与非诗人两种身份中不断出入。苦难是客观的，生命需要“红薯”的养活，同时又不停地将苦难中的一切诗化，诸如儿童时期那个看晒小麦时的场景，“新打的小麦经阳光晒透发出甜蜜蜜的味道，非常容易催眠和催梦”。在这金黄的童年梦幻中，铺垫了有关书的传奇和对苦难创伤的修补。与书有关的友谊、求学、亲情这些生命的养料都如同红薯一样消解了苦难，书的魔力也就再次得到验证：它是生命的源头，也是知识的源头。

直

清人龚自珍有传世之文《病梅馆记》，其中提到文人赏梅“以曲为美，直则无姿”。这也许有病态美学或审丑美学学理上的依据，但切莫忘了文题中的一个“病”字，正如江苏现代诗人辛笛的一首小诗的结尾：“都是病，不是风景！”（辛笛《风景》）

以此观人，“直”才是一种健康的人格。

在最初思考有关“直”这个问题的时候，我首先将它定位成是一种道德自信。因为，在传统文人的道德尺度内，为人不屈、忠义直言、不事谄媚是健全人格架构内的一块重要的基石。

但当我们围绕着这些品格深入求索，在传统文人晦明变化的身影背后我们还将发现：文人们的命运与政治始终保持着亲密关系。这就是所谓的“学而优则仕”的理想范式造就的人生模式。因此，道德自信在这种理想范式的引导下转变成一种政治自信，文人们顺势在这种道德自信和政治自信的坚守中迅速聚集了人格上的原始资本——在“明君贤臣”这个名词的光芒下昂首阔步。

而今天，当我们需要寻找文人之直的人物典范的时候，下面几个人可能是不容错过的。

用生命成全一种价值

后世很少有人像屈原那样执着地用性命来成全“直”这种美德，也正是这点执着虽使无数文人群起效慕，但最终都只能死在“虽不能至然心向往之”的心理安慰中，能企及者着实寥寥。

很多人一提到屈原，或许还能朗声背诵《渔父》中的一句“举世皆浊我独清，众人皆醉我独醒”。这是屈原的世俗处境与心灵处境的双重自白，他的痛苦与失落，他的伟大与不朽，盖皆因此而生。“举世”“众人”已在告知后世屈原所面临的群体压力，这让我想起了美学家高尔泰在《寻找家园》中的一段描写，他写到在夹边沟农场遭遇群体饥饿的时候，把大家都在早上吃的一个馒头忍痛留到了中午，可当中午自己拿出那个馒头准备吃时，迎接他是饥饿的眼睛齐刷刷的集体围观。

我想屈原所面临的社会压力，正如高尔泰自己留下来的那个馒头，只不过迎来的不是垂涎，而是侧目而视！

在这种群体理性一起丧失的时候，个体想必是很难独善其身的。然而屈原却不，他非要坚持，他非要“以身之察察”抵抗“物之汶汶”。（察察：皎洁的样子。汶汶：污浊的样子。）

我们知道，屈原出生于贵族之家，《离骚》开篇：“帝高阳之苗裔兮，朕皇考曰伯庸。”高阳是古帝王颛顼的别号，也是楚国远祖，被周成王封于楚。这段身世交代是非常有意味的，从屈原的品性可以推测，祖上明君贤臣的荣光成为了他的一种道德骄傲与责任，同时也确立了他的人生追求——美政。这在他后来的人生实践中得到印证。

年轻时的屈原以侍读的身份，在一个叫兰台的地方读书五载，而陪侍的对象就是太子熊槐，即后来执政长达三十年的楚怀王。此时的熊槐想必也是有志青年，在与屈原的朝夕相处中建立起君臣、师生、朋友等多重深厚的关系。从当时看来，这个长相俊美、风度翩翩的少年屈原必将是熊槐将来在政治上的得力助手。

后来的确印证了这一点，屈原“入则与王图议国事，以出号令；出则接遇宾客，应对诸侯”。内政外交，屈原可一力担当。《史记》上说：“王甚任之。”可见，楚怀王对这位过往伙伴的信任。

但我们不要忘了，政治的角逐中永远不是理想主义者的舞台，利益纠纷总是成为理想的绊脚石。当利益失衡，或者有人以为干涉到自己的利益时，他会立即跳出来舞弄权术的长袖，为一切美好挖掘坟墓。

于是，屈原不得不面对众人的“争宠而心害其能”。谗言入君耳，接下来就要看楚怀王的耳根子了。

结果或许让屈原感到意外，“王怒而疏屈平”。这心理上的意外感，让屈原终其一生都在“疾王听之不聪也”。疾，这个文言词汇的意思就是“痛心”，这是信任、期望、爱等人际美好被否决之后的必然反应。

接下的路反而明晰了，要么与佞臣逶迤周旋，要么流放。

结果是屈原被流放了。从此，屈原与楚怀王、楚国之间的亲密关系不断被破坏，直到出现鸿沟，直到楚国君亡、国破。

《史记》中有记载，屈原口才是非常好的，司马迁说他“娴于辞令”，这在春秋战国时期是纵横仕途的必备技能。但我没有看到他与佞臣靳尚、权贵子兰、美妇郑袖之间口舌交锋的记载，这或许说明讲理的过程永远建立在理性合度的基础上才能成立，否则即使是善言者也宁愿保持缄默。

屈原在流放中，开始了心灵的旅程。美政之美的心理核心，唯美，开始带领汉字进行绮丽绚烂的组合。中国浪漫主义诗歌的滥觞从此开始。

我们今天很难想象，被“举世”和“众人”抛弃的屈原（或者说屈原主动与“举世”和“众人”的断绝）是怀着怎样的心绪在洞庭湖畔、在汨罗江江边吟咏着对家国人民的叹息。在深夜的荒原上，野沉沉，月茫茫，星汉垂地，山神仙魅，鱼龙潜游，是否前来聆听赤子心中的哀怨、惆怅、浪漫与美？

结果是：

《离骚》写成了，通篇激烈，一唱三叹跌宕起伏，天上地下、人神共吟楚国的挽歌……

《天问》写成了，一百七十多个发问，思之深问之广，高度无人企及……

《九歌》也像洞庭之水一样浩淼漫延起来，湘君、湘夫人、云中君、河伯、山鬼……皆应心声，前来叩首，前来抚慰。

……

无可否认，在漫长的流放时光里，屈原把自己那根美丽的骨头越走越直，直到成为人们面临是非曲直时道德抉择的依据。

我一直认为，屈原在《橘颂》篇中的一句“苏世独立，横而不流”最能写照这个浪漫诗人的人格魅力。苏，苏醒，指的是对浊世有所觉悟。独立于世，保持清醒；横立水中，不随波逐流。我想这早已胜却无数格言警句了吧！

屈原的价值是留待后世不断发掘、确立的，值得不断追思的人才会在江山剩迹中不断复活。借范仲淹《严先生祠堂记》中的一句，“云山苍苍，江水泱泱。先生之风，山高水长。”人的高风亮节如山水不毁，润物无声。我想这就是所谓的泽被后世，绝非物质，而是精神。

在当今社会，人们更多地关注此世此时，而缺少对心灵健全的长期观照，从而忽视了对身后事可能潜存的文化影响、人格影响、世风影响，没有意识到自己的人性放纵，可能使儿孙后代的星空暗淡无光。

有时候，评议屈原的人会拿出“圆融”这个词来试图化解屈原身上有关“直”的一面，可是世俗的经验是，很多抱着“圆融”观的人，不知不觉中流变成另外一种人性向度——圆滑。

当我们自以为深谙世道的时候，是否还能区分“圆融”与“圆滑”的内涵呢?

这个时候，死，对屈原来说是他对谄媚、构陷、奴颜与媚骨的一次拒绝和讽刺。他昂首挺胸，挺直腰板，内心有种永不委曲求全的忠直始终支撑着他，怀石举步，埋骨清流。

犯众怒的人

我们今天对屈原的了解，大多是通过司马迁的《史记》，但阅读《史记》读的不仅是历史，更是一个遭受极刑男儿的心灵史。认识司马迁的办法，也只有通过那冷峻客观的文字。

冷峻客观中深埋着他的热血、温度、激烈与痛苦。

或许，论说司马迁已不必从他的儿时说起，身为太史令的父亲司马谈，早将家学在此儿身上深耕，一脉承传，数十年生命的轨迹便已然画就，等待的就是时代交付在他身上的游历、学历和经历。

从史料中我们可以再现，司马迁，一个身体并不完整的伟大男人，四十七岁时的悲剧。

按当时的纪年来看，时间是汉武帝天汉二年（公元前99年）。

很有必要再谈谈汉武帝这个人，一般认为，他是千古帝王雄才大略，好征伐，扩大了汉帝国的版图。诗圣杜甫写诗《兵车行》说“武皇开边意未已”，从另外一个角度说明他多欲而少慈，干了许多坏事。后来，这位帝王已不再满足享有人间权力之极，好道求仙，封禅泰山，劳民伤财。

司马迁在汉武帝眼中应该是一个轻若微尘的文弱书生，他权力的刀锋之所以伸向司马迁，源于李陵事件。

李陵是飞将军李广的孙子。从现在看来李家三代皆命途多舛，实在是时代之悲。李广英勇善战，却一生不得封侯，落得“李广难封”的历史遗憾，后来贵戚卫青击匈奴不利，将贻误战机的罪名扣到李广头上。这六十多岁的关西老将不堪屈辱挥剑自杀。

需要宕开一笔。汉朝一直有外戚专权的痼疾，武帝时期亦然。卫青有个妹妹叫卫子夫，是武帝的宠妃，卫青本人又娶了武帝的姐姐平阳公主，他兄妹二人权倾一时。

而李家悲剧并未就此结束。李广有一儿子李敢，也是能征善战，且脾气火爆，深知父亲被诬而死，曾痛打卫青。也许因此埋下隐患。后来，霍去病（卫青的外甥）、李敢陪武帝打猎，霍去病张弓射鹿，箭头一转射向李敢，当场射死这位将门虎子。而武帝随即下令：谁也不许声张，对外要统一口径，只说李敢坠马而死。

厄运开始降临到李家孙辈李陵身上。

其时，汉武帝的宠妃是李夫人。“南国有佳人，遗世而独立。一顾倾人城，再顾倾人国。”这首诗就是哥哥李延年为自己妹妹李夫人的天姿国色写的广告词。李夫人还有一个哥哥叫李广利，武帝绕着法子想让他立功。

刘邦曾定下的铁律：无大功者不得封侯。不会打仗的李广利带着几万军队到大宛国抢良马，被几千大宛人打得丢盔卸甲。对此，武帝丝毫不责怪，再给精兵良将，继续抢马，并从各地调集十八万大军，到酒泉为舅子李广利作后卫。这皇帝花血本轻描淡写。他先封李广利为“贰师将军”，因大宛国的良马集中在贰师城。据说，第二次李广利终于抢到马了，好马六十多匹，损兵折将五万人。武帝为他庆功，下令官员和伶人称颂他的丰功伟绩，封为“海西侯”，食邑八千户。

可见，历史的不公、污浊、腐朽，很多时候都是由于裙带关系，即使是到了今天，贪腐者丢失信仰，何尝不是缘自剪不断理还乱的裙带关系？

就是在公元前99年，武帝派李广利领兵讨伐匈奴，李陵的任务是“为贰师将辎重”，也就是为李广利提供后勤保障。李陵带领步卒五千人出居延，孤军深入浚稽山，与单于遭遇。匈奴以八万骑兵围攻李陵。经过八昼夜的战斗，李陵斩杀了一万多匈奴，但由于他得不到主力部队的后援，结果弹尽粮绝，不幸被俘。

李陵兵败的消息传到长安后，天子震怒，满朝文武官员察言观色，趋炎附势，几天前还纷纷称赞李陵的英勇，现在却附和汉武帝，指责李陵的罪过。其后不久，武帝灭李陵三族。

原本，李家两代良将殒命的过程，被一向正直，追求客观真实的司马迁所亲历，皇族贵胄的所作所为已使一个内心纯粹的文人讶然且愤怒难抑了。

当时，面对皇帝和群臣对李陵的妄加指责，作为“微臣”，司马迁是可以保持沉默的。但是，司马迁也素知李陵“善骑射，爱人，谦让下士，甚得名誉。”（《汉书》）

形势紧迫，他要在“犯众怒”和良知之间抉择。

判别一个人正直与否，往往是在强大的阻力面前。

结果正是我们熟知的，司马迁按捺不住对污言秽语的恶心，对李家三代的同情，从群臣队列的末尾，犹豫而又不可逆转地站了出来。他要说话，正如他用刀笔评判历史一样，他忠于自己内心的正确。

对不起！群臣错了！武帝也错了！这或许就是司马迁话语背后的立场。

死刑，入狱。司马迁不是没有担心与惶恐，倒不是性命有多重要，而是那三千年的华夏历史还未付诸笔端。若如此殒命，将是他一生莫大的遗憾。

但是非抉择的当口，良心不允许他沉默。

幸运的是，武帝不知什么高兴事，大赦天下，免了他的死刑；不幸的是，要想完身出狱必须付五十万钱，可司马迁哪里有这许多的阿堵物呢？迎接他的只有割“势”保命，这是男人最大的耻辱。

可是两千多年后，司马迁言行的正直在《史记》的“太史公曰”中依然可以寻得蛛丝马迹，那些春秋笔法背后的力量使司马迁与许多风云人物相较，他要完整得多。

超越个体的痛感

那么，我们怎样看待他对任安的拒绝呢？是他将自己的人格与坚守主动矮化了吗？

任安，是司马迁的朋友。通过《报任安书》我们可以了解一段历史波折。

司马迁一生朋友很少，也许是他根本没有时间交朋友，因为他把自己的全部都交付给了漫漫时间长河所积存的人类档案，三千年的历史洪流在他的脑中、心中翻滚、涌动，实在无暇他顾。

而有一个朋友，任安，对司马迁来说，是不容易的，也是需要珍惜的。朋友有难，自当拔刀相助。但是，司马迁最终的选择是痛苦的拒绝。

事情的原委需要说明。

武帝晚年，自己身边也不太平，宫中还闹出了巫蛊之祸。巫蛊，是加害仇敌的巫术，木偶上写着某人的名字，女巫施法诅咒，那人就要生怪病。这种方法成为宫中妃嫔争宠斗狠的流行手段。巫蛊之祸暴露后，武帝自己避居甘泉宫，让一帮酷吏严查京城内外。数月之间就使数万人人头落地。正是在此时，卫子夫的儿子，即戾太子，假传圣旨捕杀佞臣江充。避居在外的武帝耳目不明，以为戾太子反，下令击太子，戾太子被逼得不得不反。

那么，宫廷之乱是如何牵扯到任安的呢？

原因是太子兵败后，戾太子和母后卫夫人一同自杀。而了解实情后的武帝非常后悔，不仅追究捕杀太子的人，把他们全都杀了，而且还追究那些在战乱中不出兵救太子的人。任安就是后一类人。任安手上有一支军队，但是他自恃老练，持中立态度，按兵不动，不听太子的命令。可是凭他的那点小聪明，怎么能摸清帝王喜怒无常之心呢？最后，以不救太子的罪名，被投入死牢。

狱中的任安想到了自己的朋友司马迁。古人常说帝心难测，的确是经验之谈。司马迁出狱后反而升官了，武帝封他为中书令，相当于贴身秘书。这一职位让很多人羡煞，包括朋友任安。

任安大约给司马迁写了一封信。

对于朋友的这封信，司马迁迟迟没有回复，并非故意拖延，而是他内心正在经历常人难以想象的挣扎与煎熬。

司马迁写下《报任安书》时内心的痛苦，我们这些置身事外者恐怕难以体验。

从前文来看，司马迁正直的品性不允许他拒绝自己的朋友，何况这是关乎生死的大事，何况这是自己少有的一位朋友。要知道，对于李陵，他虽为之直言而遭受横祸，但李陵并非他的至交好友。

但《报任安书》是一封拒绝信。

司马迁不站出来向武帝为自己的朋友求情，原因大约是这样的。李陵事件，司马迁险些丧命，事后他应有反思。因为一己的是非论断，差点使父亲的遗愿、自己数十年的努力付之东流。司马迁在信中曾明言那个超越个体生死的宏愿："以究天人之际，通古今之变，成一家之言。"

这里需要再次说说宫刑对一个男性心灵带来的创伤。司马迁认为自己遭受的屈辱，不仅被乡党所笑，而且有辱先人，连父母的坟墓都无颜面对。司马迁说："每念斯耻，汗未尝不发背沾衣也！"正因如此，司马迁挥动如椽史笔臧否三千载人物时，上至帝王将相、下至游民市井，无一不入史书，而唯有太监不列正史。

很有意思的是，三国时候征伐群雄使无数英雄颔首的曹操也特别痛恨太监。曹操祖父曹腾是个宦官，父亲曹嵩是曹腾养子。而这种身份自小就在曹操心中留下阴影，平生最忌讳的词语就是阉人、太监。

由此可见，太监作为古代一种畸形文化现象，正如女子缠足一样，我们都忽视了肉体残害带来的心里阵痛。女子缠足，取悦男子；而太监，莫非侍奉帝王。而以“取悦”为业的人，是为传统君子文化所不耻的。

可是司马迁，他的思想与眼见决定了他的人生向度绝不会是任何的取悦。

所以我说司马迁在深夜的烛影下，不知有几多徘徊，他仿佛望见友人无助的眼神，又仿佛预见再次触怒武帝时那致命的危险。

我相信，司马迁写下《报任安书》时必定流下了坚定而又歉疚的眼泪。但是他想明白了，他给任安说自己的史书“草创未就，会遭此祸，惜其不成，是以就极刑而无愠色”。也就是说，面对极刑，司马迁本是宁愿一死也不肯苟活的，可是想到自己书写历史，传诸后世的愿望，他可以“就极刑而无愠色”。

司马迁试图向任安说明：“直”的内涵或有另外一种向度。即超越个体的生命格局。超越个体得失面前的是非曲直，并最终演变为对时代、历史甚至人类的责任。

“人固有一死，或重于泰山，或轻于鸿毛，用之所趋异也。”重于泰山的人，必超越自己。

近代学界泰斗陈寅恪先生曾恪守“不降志，不辱身”的做人原则，这里我们或许可以反过来说，一个人要想不辱身，首要的就是不降志。试想一下，倘若一个人在诱惑或阻碍面前随意矮化、委屈甚至改变自己的“志”，最终他的“身”也会长出媚骨。

为正确说话

当个人的忠直或正直遇到时代的阻力，一些文人或隐或狂或流放，也有一些在与政治的激烈交锋中傲然而逝。

今天我们回顾汉朝的历史，可以明晰看到，汉朝国运的分野始于汉武帝，所谓“盛极而衰”大约如此。东汉末年，刘汉江山一日不如一日，外戚专权，宦官干政，皇权旁落，这个时候一群理想主义儒士却挺身而出，成为文人楷模。

有这样的说法，汉末主清议，魏晋主清谈。有学者说，汉末名士清议以及随之而爆发的党锢之祸，是中国文化史上的一大变局。

所谓清议，我认为就像现在的社会评论家，面对时政、世风、时人，疾恶如仇，敢于激浊扬清，臧否人物，以儒家学说为依据形成强大的道德力量。也就是说，读书人面对国家核心的命运，他们急于言说，把内心的不满和愤怒转化成舆论力量，希望以口舌扭转时局。

当然，根据历史经验，玩弄权术者不可能对此听之任之。几千年的封建中国，那些权臣走的都是“既要当婊子，又要立牌坊”的老路，干了坏事，还希望青史流芳。所以，说话是绝对有风险的。

当文人不顾风险，蔚然而成倔强又固执地发表意见的风气，后人称为“婞直之风”。

最初，这种文人清议之风，的确主导了社会风向。在这种风气的影响下，很多人都特别注重别人对自己的看法和定位。注重名望，成为当时的时代特色。

另外，汉朝有一种选官制度叫举孝廉，依据就是这个人的声望如何，看他孝不孝顺，廉洁不廉洁。因此，一般人都特别希望得到德高望重的人物一句佳评。

前面提到过，曹操父辈与太监的关系给他留下了很大的心灵阴影，这身世也的确时不时地成为他混社会的绊脚石。于是他二十岁时就急急忙忙地去找一个叫许劭的人物。许劭是谁呢？他是公认的点评人物的头号专家，看人才一看一个准，但此人派头大，每月初一只点评一次，号称“月旦评”。每逢开评之日，门庭若市、车盖云集。曹操找许劭，估计排号都要排个一年半载。

许劭给了曹操一个什么样的评价呢？现在看来，许劭的确有眼光，几乎就是对曹操一生的定评，许劭说：“子，治世之能臣，乱世之奸雄也。”据说，曹操听后“大悦而去”。想那情形，应该像算命先生摸索着你家后人的脑袋说：“此儿龙睛凤目，他日必为相为宰”时的喜悦是一样的。

当然，许劭的言说还够不上“婞直”。我要提到的是另外一位—— 一个叫李固的人。

李固在汉顺帝刘保阳嘉二年（133），自己快四十岁的时候才被征召对策。可是此人是个硬汉，现在终于等到了机会，到了皇帝面前。在对策中，他立马攻讦了一通宫廷群小和外戚擅权的弊政，还顺带批评了顺帝的保姆宋娥。顺帝本来吃过宫廷中一些人的苦头，李固正巧对了他的胃口，任命李固为议郎。但李固很快就遭到宫廷保姆和当权太监的打击报复，设计构陷。不久，李固就被外放为县令，再后来他就回汉中老家了。

让人深思的是，我们常听说为官之道在待机守时，不可妄动，这个李固可好，四十岁才出山，屁股还没坐热就因言获罪。如何解释他的言行呢？

李固有几句名言后世颇为流行。这几句话记载在他给神交黄琼的一封信中。他说，“峣峣者易缺，皦皦者易污。《阳春》之曲，和者必寡；盛名之下，其实难副。”（《后汉书·黄琼传》）这话简单意思就是，品行高洁如玉石之白者，最容易受到污损；性情刚直卓而不群的人，往往容易横遭物议。

他还说，“自生民以来，善政少儿乱俗多，必待尧舜之君，此为志士终无时矣。”（出处同上）也就是说，有志之士不能只等待时机，有时候等待尧舜一样的明君出现的机率比中彩票机率还低，要抓住时机主动出击。

还有一事足以证明李固的婞直。他被构陷时，曾得到顺帝的岳父梁商大将军的救援，并且聘任他为从事中郎。结果李固却本着“君子爱人以德”的儒家原则，上书请梁商退位让贤。此事若是从今天的价值判断来看，这个李固真是不识好歹，别人帮了你，你反过来叫别人滚蛋，真是不识抬举。

可是，这也许就是李固的“固”的含义，他的心中永远固守的是正不正确，而非有恩无恩。在这一点上，是不是也值得当下人们作一番思考？一个“恩”字坏了多少人多少事！

高处的呼吸

直，有一个愚钝的外相。

现代社会当我们面对利益与精神的抉择时，倘若我们做了精神的选择，必有人瞪着大惑不解的眼睛嘲讽：你真是个傻子！还有一些事也是大家时常经历的，那就所谓的“不会说话”。笔者曾有这样的亲身经历。

有一个同事，说话很直。我们也可以说他“不会说话”。一次会上，领导就某一个即将展开的教学改革议题让大家讨论，希望大家谈谈看法。于是大家依次发言。一般模式是：先表态拥护领导的英明决议，然后是以低到尘土的姿态发表一些不痛不痒无关宏旨的所谓建议，最后再昂首迎接领导的微笑、点头，意思就是，你娃很有眼光。可这个“不会说话”的同事很没眼光，一眼就看穿这个所谓的议题不过是应付上级检查，徒有形式，劳民伤财而已。一语既出，同事讶异，领导侧目，并且迅速变了一副脸色，以永远高大上却一无是处的行政套话将你打入没觉悟、不上进的境地。

这就是直的后果，这就是正直者“笨”的一面。

更为可恨的是，国人向来有一种“匹夫无罪，怀璧其罪”的心理。某一个人具备群体所没有的或不敢有的品行，必将招致嫉恨。因为，当别人具备了自己失去的美好人性时，就是对这种失去最好的反讽。

其实，屈原所面对的就是这种畸形心理。

然而，确实的是，我们的时代，我们国家，我们生活的方方面面都很需要一些这种“笨人”存在。没有直，就无法看到真，没有真，那么每个人都只能在迷雾中试探、臆测，从而制造谎言与慌乱。

有很长一段的时间，每当我打开网页看到各种有关这个时代无关曲直的新闻、似是而非的传闻、香艳而诡诈的绯闻，我总是在揣测，是何人在背后发出这些信息？他在癫狂地敲击键盘时心中作何感想？又是什么诱使他插足在网络纷乱的信息洪流里？

后来有人告诉我，网络仿佛构建了一个黑暗的屋子，这个屋子让人们在黑暗中畅所欲言，因为没人知道话是谁说的，正直、善良这些文明社会的道德感早已从灵魂深处逃逸。但是，当你将这些人从黑屋子赶出来，他们马上会变了一副脸色，说：“不要谈这些！”

很多人在时代的洪流中成为一种光感性的动物，在光明与黑暗之间身形百变。

也许，能抵御善变的唯一办法就是对人对己由衷的“直”。鲁迅说要有人“肩起黑暗的闸门，放他们到宽阔光明的地方去”，在今时今日，则需要让正直“肩起黑暗的闸门”，放光明入室，让躲在暗处的人无所遁形。

人心难测的原因，就是少了正直的基因，我们直面不了自己，也直面不了他人。

尼采在《查拉图斯特拉如是说》中说总有人站在高冈，呼吸着高冈的空气。

所谓曲高和寡大约就是如此，总有人因为一个直的基因，站得比我们高，也比我们坚实。他们登高望远，把嘲笑和不解忘在身后，任由他人喧嚣，而在自己的坚持中前行。

另外，每个人的“直”都有迥异的外在特质。比如，屈原的直是个体的，也是人性的。司马迁的直，最初是个体的，最终是历史的。

屈原困于个体和人性，因而愤怒，为群体人性的晦暗失望。屈原的愤怒最终化为诗行。

而魏晋名士愤怒则通过怪异的言行。据说，魏晋名士表达对世俗不满时有一种特别的形式就是“啸”，也有很多学者把“啸”作为一种特有的文化现象进行研究。学者宋广跃先生专门著有《啸与魏晋风度》，他得出了“如果酒带给魏晋人的是麻醉和欢乐，啸带给魏晋人的是哀情抒发和生命延续的希望”的结论。比如阮籍，《晋书·阮籍传》记载说他“嗜酒能啸，善弹琴。”在这里，“啸”成为阮籍一个重要的标签。又《晋书卷四九·谢鲲传》：“邻家高氏女，有美色。鲲尝挑之，女投梭，折其两齿。时人为之语曰：‘任达不已，幼舆折齿。’鲲闻之，傲然长啸，曰：‘犹不废我啸歌。’”对谢鲲而言，打掉牙齿算什么，只要还能长啸。可见魏晋风流将“啸”作为一种精神表达。

固然，屈原与魏晋名士表达愤怒的方式略有出入，但实际上，无论为文还是长啸，在表达对时代的遗憾、忠直不遇于时这一点上，他们的心理基础是一致的。

直，这种品质反映到行动上，一种人可以爽言利行，可以无所顾忌地、大刀阔斧地轻生死重义气；另一种人，不得不把个人的荣辱甚至是喜悦愤怒等个体情绪都隐忍放下，他要把局限于一段时空的社会人伦无限缩小，以至于无，然后他才能以更大的胸怀去跨越一般的眼见去囊括更为广袤的时空历史。

后一种，比前一种人更需要力量，也会更痛苦。这就是所谓的，有大成者，必有大痛。

司马迁的忠于自己，不歌功颂德，不谄媚侍主，以沉默的方式拒绝，以手中的刀笔表态，让同时代的许多风流人物在他面前黯然失色。

我曾反复给学生推荐过一本书，就是美国作家安·兰德的《源泉》。故事讲的是学建筑的大学生霍华德·洛克，在三年级的时候被学校勒令退学了。因为他看到他那个时代建筑设计流行风格的弊病，并预见了建筑设计的将来。但与时代潮流相悖的后果可想而知，他的所有设计都被时代拒绝，甚至沦落到衣食无着的地步。但洛克即使在最困难的时候，都不愿为名利而将自己的设计改动丝毫。安·兰德想要表现的是他的个人信念，所谓自我主义者（egoist），也就是有自我精神的人，用自己的力量去进行创造，不寄生或依附于他人或外在因素的人。他认为一座建筑和一个人一样，有建筑的灵魂。

道理显而易见，过分强调集体而忽视个体的社会，不得不使人放弃自我精神而选择从众，而这对忠于自己的人来说是莫大的痛苦，这正如陶渊明所说：“饥冻虽切，违己交病。”（《归去来兮辞》）

像司马迁的直，是永远忠于自己，忠于自己的追求，无论什么样的屈辱与考验，他都不愿丝毫委屈了自己的理想与追求。或许生命中有些东西是可以打些折扣的，比如衣食住行，比如财富地位，但有些东西一旦退而求其次，打了折扣，个体生命的深广、分量将迅速陷入庸常。

最后一句，“直”与“执”谐音，正直对己，执着前行。

侠

著名武侠小说家金庸曾在一次香港书展上与读者座谈，他开宗明义，说："侠士是为人民做好事的。如今路上遇到有女子被恶人欺侮，很少有人愿意挺身而出，现代社会很需要提倡侠义精神。"由于社会风气误导与法律制度的滞后，导致民众安全感普遍缺失，人人思自保，哪管他人"瓦上霜"，以致偶尔涌现的助人为乐会被新闻媒体争相报道，但这反而说明侠义精神的欠缺，因为能成为新闻的必定不是常态事件，而"助人为乐"不应当是一个民风健康的社会应有的常态吗？

仗义每从屠狗辈

义是行侠的道德基础。"义"的繁体写法为"義"，本义指公正合宜的道理或举动。在管子那里，义是四维之一，关系着国家的兴衰存亡，正所谓"四维不张，国乃灭亡"。"何谓四维？一曰礼，二曰义，三曰廉，四曰耻。"（管仲《管子·卷一·牧民第一》）今日我们大谈复兴，恐怕更重要的根基在于民德的回归与复兴，正如曾子所期"慎终追远，民德归厚矣"（《论语·学而》）。

如今社会相较于古代，教育普及程度已相当高，几乎人人可自命“读书人”，但跟任何时代一样，“读书”未必“明理”，倒是因“读书”而学会“打小算盘”“精明算计”的多了起来。

其实古人早已看破这一点，明代著名学人、藏书家曹学佺曾慨然写下名联“仗义每从屠狗辈，负心多是读书人”。

这番感慨源于曹学佺的亲身经历。

明熹宗天启二年（1622），“闽中十才子”之首的曹学佺被起用为广西右参议。他刚正不阿，一身正气。到任前他就耳闻桂林皇亲宗室素来骄横，好养斗犬，家奴也仗势欺人骄横跋扈，每每在大街上纵狗伤人，并以此为乐。官民慑于皇亲之威，敢怒不敢言。

曹学佺上任不久就遇上这样的案子。一天，皇亲的奴才又闲得无聊，故技重施放出斗犬，让其任意撕咬路人。一秀才奔跑不及，扑倒在地，斗犬骑在秀才身上任意撕咬，秀才眼看就要命丧狗口，这时路边冲出一杀猪佬，手起刀落剁了狗头，救下了秀才。皇亲的奴才一看，区区贱民竟然把主子心爱的斗犬杀了，那还了得！他们把杀猪佬捆绑起来连同死狗一起送到官府，要官府判他死罪给狗偿命。

曹学佺正好审理此案件，详细看过状纸后，不畏惧皇亲宗室，判屠夫无罪，更判皇亲要赔偿给秀才医药费。皇亲一看，这样判决自己脸面不保，但在章法上又拗不过曹学佺，心生一计，要求重审，并暗中重金贿赂并威逼恐吓秀才改口供，说他自己和斗犬相好，是朋友，那天是斗犬和其在玩闹嬉戏，是屠夫恶从胆边生杀了斗犬，要屠夫给斗犬偿命！

再审时，秀才贪图财物又惧怕皇亲势力，就出卖了屠夫，更改了口供。曹学佺听完秀才改的口供后勃然大怒，拍案而起，骂道：“人证、物证皆在，况且屠夫救你一命，你不思回报，反要置他于死地，与狗相好，认狗为友，伤天害理！天容你，我不容你！”说完就要衙役杖击秀才，秀才挨不过，终于招了是皇亲如何用重金和威逼要他做假口供。案件真相大白于天下。随即，曹学佺愤然在案卷上写下“仗义每从屠狗辈，负心多是读书人”的千古名联。

曹学佺作为一代鸿儒，私人藏书楼“汗竹斋”藏书巨万，对文学、诗词、地理、天文、禅理、音律、诸子百家等都有研究，堪称读书人一时典范，可以想见他见到读书人中有如此奴颜婢膝、贪财忘义之徒是如何痛心之极。

这件事中，屠狗辈救人于危难可谓义，曹学佺伸张正义，不畏强权也可谓义，所以他们身上便可见侠义精神。而有些读书人自我矮化的劣质行径在诗书斑斓的想象中留下挥之不去的阴影，导致日后我们重新审视读书人与市井流氓的人格界限，诗书未必能为我们带来道德制高点。所有的道德都需要行为的验证，否则就是自欺欺人的谎言。

清澈的人格追求

学者张宏杰在《中国国民性演变历程》中盛赞先秦以前的中国人，认为“源头的中国人，品格清澈”。何为人格清澈？我认为主要体现为人格的清净透明、不二守一，比如那个时代的侠客们。

要说先秦的侠客，其实主要指的是春秋战国时代；要说以史为据的话，自然非司马迁《游侠列传》和《刺客列传》莫属。一者由于春秋战国时期政治地图的不断变化，非凡人物能够自由行走江湖间，即所谓的“邦无定交，士无定主”（顾炎武《日知录·周末风俗》）；二者严丝合缝的中央集权思想的桎梏尚未完全形成，侠客们大多能遵性而行，做合乎个体生命追求的事。所以司马迁定论：“救人于厄，振人不赡，仁者有乎！不即言，不倍信，义者有取焉”，“行虽不轨于‘正义’，然其言必信，其行必果，已诺必诚；不爱其躯，赴士之危困，即已存亡死生矣。而不矜其能，修伐其德，盖亦有足多者焉”（《游侠列传》）。

司马迁的定论，为千年以降的侠客们铺垫了最清澈的人格标准：救危扶困，济人不赡；路见不平，拔刀相助；知恩必报，赴火蹈刃；受人之托，一诺千金。

我们常说，人最易丧失人格清澈的时候就是与权贵相交的时候，但春秋战国时期最让我们感喟的却往往是贵族与侠客的知己之交。这里，我们可以通过几个历史人物，来欣赏历史阴影里人性明媚的一面。

《史记》卷八十六《刺客列传》第二十六记载着的“士为知己者死”的典故，故事的主角是豫让。据司马迁记载，这个豫让最初侍奉的是范氏及中行氏，“而无所知名”，言即未特别受到赏识。后来又侍奉晋国的第一大家族智氏，成为晋卿智瑶家臣。在智伯那里，豫让才受到重用，而且主臣之间关系很密切，智伯对他很尊重。可是正在他发出“国士遇我”的感叹时，智伯遭遇灭顶之灾。原因还得从春秋末期的晋国说起，那时的晋国军政大权由智氏、韩氏、赵氏、魏氏四大卿族把控，而作为第一大家族的智氏本意联合韩魏两家围攻赵氏，可没料到关键时候，韩氏、魏氏临阵反水，和赵氏串联打败智氏，智伯兵败身亡，智氏家族从此衰落，这就是历史上有名的“三家分晋”。

按说作为家臣的豫让在“士无定主”时代完全可以另投明主，但是此刻的他因感怀智伯对自己的知遇之恩，决定“不二守一”，且决定为智伯复仇。有必要提一下智伯的最后遭遇，由于他的提议，与韩魏两家围攻赵氏，最痛恨智伯的自然是赵氏的赵襄子。据《史记》记载说赵襄子“漆其头以为饮器”，就是把智伯的头骨做成了一只酒杯。

豫让的复仇之路充满波折。首先，他更名改姓，伪装成受过刑的人，进入赵襄子宫中修整厕所。他怀揣匕首，伺机行刺赵襄子。赵襄子到厕所去，心一悸动，拘问修整厕所的人，才知道是豫让，衣服里面还藏着利刃，被赵襄子逮捕。审问时，豫让直言不讳地说：“欲为智伯报仇！”侍卫要杀掉他。这赵襄子却说：“他是义士，我谨慎小心地回避就是了。况且智伯死后没有继承人，而他的家臣想替他报仇，这是天下的贤士啊。”最后还是把他放走了。

此时的赵襄子体现了前所未有的宽容与仁慈，按理豫让应有所感动，放弃复仇，可是并非如此，豫让复仇之心反而益发坚定。史书载，过了不久，豫让“漆身为厉，吞炭为哑，使形状不可知”，这豫让真是豁得出去，为便于行事，顺利实现报仇的意图，不惜把漆涂在身上，使皮肤烂得像癞疮，吞下炭火使自己的声音变成嘶哑，以此乔装打扮来展开自己的第二次复仇。可是结果依然充满戏剧性。豫让伏于桥下，欲待赵襄子经过时行刺，结果赵襄子过桥的时候，马突然受惊，猜到是有人行刺，很可能又是豫让。手下人去打探，果然不差。

接连的刺杀，令赵襄子不免责问豫让：“您不是曾经侍奉过范氏、中行氏吗？智伯把他们都消灭了，而您不替他们报仇，反而托身为智伯的家臣。智伯已经死了，您为什么单单如此急切地为他报仇呢？”豫让说：“臣事范、中行氏，范、中行氏众人遇我，我故众人报之。至于智伯，国士遇我，我故国士报之。”这话什么意思？意思就是：我侍奉范氏、中行氏，他们都把我当作一般人看待，所以我像一般人那样报答他们。至于智伯，他把我当作国士看待，所以我就像国士那样报答他。”赵襄子听了很受感动，但又觉得不能再把豫让放掉，就下令让兵士把他围住。豫让知道生还无望，无法完成刺杀赵襄子的誓愿了，就请求赵襄子把衣服脱下一件，让他象征性地刺杀。赵襄子满足了他这个要求，派人拿着自己的衣裳给豫让，豫让拔出宝剑多次跳起来击刺它，仰天大呼曰：“吾可以下报智伯矣！”遂伏剑自杀。

如果从今天法制社会的眼光来看豫让，这多是有点武侠小说的传奇性，因为如今我们会通过法律途径解决很多事，却难得去亲自践行某种古老的信念。可是这件事情，吸引我的不是豫让如何执着地去杀一个人，而是知恩图报、言出必行、忠心不二的侠道践行。其实这其中还有个小插曲，就是豫让采取极端方式来改变自己相貌后，有朋友劝他，说凭你豫让的才能赵襄子肯定会亲近你，等他亲近宠爱你之后，你再找机会做你想做的事，不是更容易吗？乍一听，也许今天有些人会觉得这是一个拍案叫绝的计策，因为我们有时信奉的就是“不论手段如何，只求目的达到”的厚黑之学。

但是豫让之所以与专诸、聂政、荆轲名列战国四大刺客（一说专诸、要离、聂政、荆轲），最重要的一点就是他的内心执着又清澈，有悖名节之事绝对不做。豫让曰：“既已委质臣事人，而求杀之，是怀二心以事其君也。且吾所为者极难耳！然所以为此者，将以愧天下后世之为人臣怀二心以事其君者也。”我侍奉他，又杀掉他，就是怀二心侍主，而我如今选择的复仇之路就是要使天下后世的那些怀着异心侍奉国君的臣子感到惭愧。

今天我们似乎难以用浅薄的道德词汇去给这个几千年前质朴的刺客加冕，但他的选择却足以使后世那些怀不义之心而弑君乱国的贼子更添人格的垢耻。所以，当一个刺客人格足够坦荡的时候，连他的敌人也不免敬佩他，赵襄子的行为，足以说明一个时代对忠义足够敬重，才能换来大道的盛行。

不信你看那些豫让的同道们：

专诸得遇公子光“光之身，子之身也”的善客之道，近庖厨，学炙鱼，藏鱼肠剑而杀吴王僚；聂政家境贫寒，降志屠狗屈身于市井。后被严仲子寻访，得其百金以为母寿。聂母死后，严仲子又亲执子礼助其葬母，得此知遇之恩，政曰：“政乃市井小人，鼓刀以屠；而严仲子乃诸侯之卿相也，不远千里，枉车骑而交臣……然士者徒知政也……政将为知己用。”刺杀韩相侠累成功后，又考虑到姐姐“今乃以妾尚在之故，重自刑以绝从”，故“皮目绝眼，自屠出肠”，“长揖蒙垂国士恩，壮心剖出酬知己”。此种为报恩而肝脑涂地之举无不震撼人心。这些曾经侠名不显的侠客在太史公的笔下时时用生命实践着“谁知我，我死谁”的人生信条。

故而，我们应当始终坚信，在道义得到拥护的时代，正义才能挣脱人性阴暗的夹缝。

武术与心术

在各种有关侠客记载的典籍中，武艺高强者不乏其人，但高手的世俗较量中，心术又是行走江湖的道德参考标准。心术正的人往往能至于武学上乘境界，心术不正难免遁入魔道，大约武术家也认为心性是武修的根本。

比如剑术，太史公记载的豫让、曹沫等刺客，均有不凡的武功修为，以此才能仗剑完成自己的侠义追求。还有那个以成语“毛遂自荐”传世的毛遂，当时在平原君门下，以剑逼楚王与赵联合，在十步之内使楚王持戟百万的强大后盾形同虚设。但在那个时代，史书所载并未过度渲染侠义者的武术，细心传承的而是武术背后的心性与道德坚守。

再看金庸小说，虽说小说家的演绎法通常是极力铺张人物武术动作如何出神入化，但真正高手又最终回归“大道至简”的道路上来，比如《天龙八部》里的扫地僧，比如一直神龙见首不见尾的独孤求败，他们的武术实则已摆脱“术”的层面，上升为气的追求。《神雕侠侣》中有载独孤求败剑冢四剑：青光利剑，凌厉刚猛，无坚不摧，弱冠前以之与河朔群雄争锋；紫薇软剑，三十岁前所用，误伤义士不祥，悔恨无已，乃弃之深谷；玄铁重剑，重剑无锋，大巧不工。四十岁前恃之横行天下；柄已腐朽的木剑，四十岁后，不滞于物，草木竹石均可为剑。从年龄与剑的对应上不难看出剑术与人内心修为的紧密关系：三十岁前，正当闯荡江湖、建功立业的时候，青春热血，难免犯下错误；三十岁后，于人于事，渐渐看透，收起了以前的狂放，慢慢地，变得注重起个人的修为来，举重若轻、沉稳老成；四十岁后，渐近知天达命的年纪，此时人之大欲已去，收放自如、随心所欲，方为“无剑”，物我两忘，于人于事再不执着，于是“无剑”。

任何技术技巧最初在于形，而最终归于神，正所谓运用之妙，存乎一心，这便是“不滞于物”。

当然，如果我们参地更深一点，一个人的年纪又何限于人对“心”的追求？有些“道”明白得越早越好，因为有些污点毕竟难以随年岁增长而逝去。年轻，从来不足以支撑“无知者无罪”这样的谬论。

虚构的武侠世界中所谓“天下第一”寓意的就是武术的功利追求，正如工作一样我们要谈荣耀与成就。可是为什么又有“世外高人”这样的人物设置？他其实体现了人们在社会中的心理冲突和抉择的两难，既想证明自己又想一身轻松。殊不知拥有越多束缚便越多，责任或担忧便越多，这就是人生辩证法。不信你看武侠世界中的“世外高人”少之又少，而在“天下第一”的路上却趋之若鹜，所谓难能可贵，便在于它难做到故而珍贵。因为人是有趋利惯性的，要摆脱这种惯性需要极大的力量，这力量的大小取决于“修心”的境界。

但不是说，我一旦身怀不二绝技就高蹈出尘，任邪恶纵横而不顾。“世外高人”们践行最根本的侠义精神，确保世间遵道而行。正如隐者，不是有“大隐隐于市”之说吗？高人不是住在山水间就是高人，而是如李白《侠客行》所说“事了拂衣去，深藏身与名”，能参与匡扶之任，也能脱身独去，不为潜在的名利所缚。

这让我想起唐朝裴铏《传奇》中的一个故事。唐传奇《昆仑奴》中有个名叫磨勒的奴隶，聪敏有智慧，为了成全崔生与一品勋臣家歌姬的姻缘，夜半三更负崔生逾十重垣而与姬相会，后又负崔生与姬飞出峻垣十余重，一品家守御毫无知觉。二年后，一品家人发现了姬藏所，知一切为磨勒所为，命甲士围崔生院，捉磨勒。“磨勒遂持匕首飞出高垣，瞥若翅翎，疾同鹰隼，攒矢如雨，莫能中之。顷刻之间，不知去向。”

很明显，从事佣仆贱役的磨勒，虽匿身于市井之中，一旦遇到不平和急难之事，就立即出手为人解纷，在精神气质上与古游侠极为接近。

儒生仗剑与笔下风云气

自来就有“好文者儒，好武者侠”之论，儒与侠似乎是两种并行又毫不交错的生命状态，可是儒生仗剑历来都是不可忽视的风景，借用学者陈平原的话就是“千古文人侠客梦”。

如果我们不局限于以慷慨悲歌以武制敌，或十步一杀人等冷兵器实践来鉴定侠客与否的话，文人的“侠客梦”就不单纯是一种梦，他们依然可以成为侠义精神的践行者。可能不少人会嘲笑：“以笔当刀剑，以纸为江湖”不过是一种纸上谈兵。但细读那些文人精英们纵横捭阖的笔下风云，不难发现，文人对侠的关注与追求其实使侠已成为文人的一种审美过程，一种生活方式，一种气象，一种对天下大道的担当。

所以，为文为人无论任侠使气独掌正义，还是舞文弄墨看剑抒情，此间都要豪气不减方可。

在此，先借陈平原先生《千古文人侠客梦》第一章中的一段话，一窥文人笔下的风云：

> 千古文人侠客梦，实际上可分为两大类：一以侠客许人，一以侠客自许。前者多出现在注重叙事的小说，而后者多出现在着重抒情的诗歌中。唐代诗人喜欢歌咏游侠，如卢照邻的《刘生》，杨炯的《紫骝马》，王昌龄、王维、张籍的《少年行》，崔颢的《游侠篇》，高适的《邯郸少年行》，钱起的《逢侠者》，孟郊的《游侠行》，元稹、温庭筠的《侠客行》，贯休的《侠客》等等。当然，最突出的是李白，诗中有剑、诗中有侠的，总数不下百首。
>
> 读了能使人豪气顿生，胸间风云激荡的诗句有：
>
> 陶渊明《拟古》：少时壮且厉，抚剑独行游。
>
> 王维《少年行》：相逢意气为君饮，系马高楼垂柳边。
>
> 李白《白马篇》：酒后竞风采，三杯弄宝刀。
>
> 苏轼《约公择饮是日大风》：要当啖公八百里，豪气一洗儒生酸。
>
> 龚自珍《漫感》：一箫一剑平生意，负尽狂名十五年。
>
> …………

豪迈之气是侠气的第一体现。就连提笔即家国的杜甫，一生所写诗歌多忧患沉郁气，但纵观之下也有侠客梦在他的心中激起的澎湃之声。杜甫在诗篇《壮游》中回忆自己年轻时的行迹，说那时的自己“性豪业嗜酒，嫉恶怀刚肠”，“饮酣视八极，俗物都茫茫”；言及年轻的心中满是嫉恶如仇，不与俗物为伍，雄视天下的野心，有“蒸鱼闻匕首，除道哂要章”，“放荡齐赵间，裘马颇清狂”等名句，缅怀古代侠士，纵马当下，一时自信与狂放丝毫不输李白。再有早年诗作《画鹰》“素练风霜起，苍鹰画作殊……何当击凡鸟，毛血洒平芜。”赞美雄鹰凶猛，挟风霜之杀气，搏击凡鸟，充满了傲然不群、剿灭宵小之辈的青春激情。还有大家耳熟能详的《望岳》，则是他豪迈奔放诗作的典型代表，起笔“岱宗夫如何？齐鲁青未了”视野辽远宏阔，溢满登临绝顶的博大超脱境界，而“会当凌绝顶，一览众山下”已超脱凡俗境界，有俯视一切，收拾河山的凌云志气了。

所以，无论一个人将来的命运如何被上帝之手逆转，年轻的心中总有那么一段充满着豪迈激情、做着无所顾忌的侠客梦的年少时光，那虽短暂，却也纯粹，也许还能铺垫一个人一生的正义之光。

这里，我们还可以好好回想一下辛弃疾的人生波澜。一生满腹经纶，立志收复河山，面对的却是朝廷的懦弱无能和个人的志气难抒，那“醉里挑灯看剑”的文人，不知在醉酒的迷离中有多少忧愤和遗憾，拔剑凝望，看到的可是金戈铁马，手刃敌首的场景？据史料记载，辛弃疾在体格上来看一点都不像一般弱不禁风的文人，说他“肤硕体胖，红颊青眼，目光有棱，精神壮健如虎”，天生一副英雄相貌，而且智勇双全，很难把他与“休去倚危栏，斜阳正在，烟柳断肠处”（辛弃疾《摸鱼儿》）这样的诗句联系在一起。最大的遗憾就是，他出生在北宋灭亡十三年后金人统治下的山东济南，从小便有国破家亡、民族被奴役之辱，立志抗金，收复失地缘起儿时。

通过史书，我们依然能感受到辛弃疾年轻时豪勇之气。不到二十二岁辛弃疾就在济南拉起两千多人的抗金队伍，不久，这支队伍投奔了耿京领导的抗金义军。正当耿京义军日渐壮大之际，叛徒张安国杀害耿京投降金国。辛弃疾闻讯义愤填膺，亲将五十骑，夜袭金营，活捉张安国，马不停蹄，昼夜不食，终于押解着叛徒赶到新的行在临安，交给朝廷，斩首于市。

历来评价者都说，凭借稼轩的韬略智谋与勇武肝胆，足有改天换地之能，可惜终究不能一骋其志，时代的玩笑和疏忽造就了一个欲仗剑挽狂澜而不得的豪迈词人。且看他晚年写的《鹧鸪天・有客慨然谈功名》："壮岁旌旗拥万夫。锦襜突骑渡江初。燕兵夜娖银胡䩮，汉箭朝飞金仆姑。追往事，叹今吾。春风不染白髭须。都将万字平戎策，换得东家种树书。"一代乾坤霸才，满腹平敌之策，精心写就的《美芹十论》《九议》献给皇上如石沉大海，却换得闲居种树的岁月，其抑郁愤激确实令人同情。

不过，借由辛弃疾的遭遇倒能教育我辈，砥砺正气历来不易，侠客仗义天地间，为国为民也未必会被民与国所接纳，这时我们依然初心不改，不因一许清闲反而落得潇洒，辛弃疾一生义愤，也正说明"国士"的忠与义不曾泯灭。

不要一味用文弱的眼光看文人，正如我们评价任何一种事物一样，变化万般，纷繁璀璨，人性人格也应如是。当我们读到辛弃疾《水龙吟・玉皇殿阁微凉》"富贵浮云，我评轩冕，不如杯酒"这句，才觉看不到酒气，分明是浩然之气。

侠之大者

侠之大者，为国为民。如果要求举一二文人行侠的例子，我的第一处眼光不在古代，而在民国。

我一直有个固执的观点，认为知识分子人格最健全的时代就是民国，之前则有所不及，之后则过犹不及。民国之前的宋元明清知识分子束缚太多，民国之后的知识分子却矫枉过正，自我的良心束缚太少。

回到文人行侠的事上来，我要说的是傅斯年。由于过去受制于时代的局限，傅斯年在大陆被人为忽视，但近年来这个伟大人物的人格与学术重新唤起我们的关注。

傅斯年不是我们传统观念里的那种文质彬彬的白面书生。他的老师兼终生友人胡适曾评价傅斯年："他是人间一个最稀有的天才。他的记忆力最强，理解力也最强。他能做最细密的绣花针工夫，他又有最大胆的大刀阔斧本领。他是最能做学问的学人，同时他又是最能办事、最有组织才干的天生领袖人物。他的情感是最有热力，往往带有爆炸性的；同时，他又是最温柔、最富于理智、最有条理的一个可爱可亲的人。这都是人世最难得合并在一个人身上的才性，而我们的孟真确能一身兼有这些最难兼有的品性与才能。"

估计胡适一生中连用十几个"最"去评价的一个人也唯有傅斯年了，据说他在学生时期已经被夸张地称为"孔子以后第一人"、"黄河沿岸的第一才子"。可以说在文人中，傅斯年兼具了文人的书卷气、斯文气、学术气，同时也难得地拥有为国为民的豪气、霸气和胆气，有着令人敬佩的侠客精神。我们借由几个细节来品鉴一下。

五四时期，他与罗家伦等创办《新潮》杂志，其影响一度可与《新青年》相提并论。是北京大学学生运动风云人物，是旗手和总指挥，在数千年老迈中国面临的新旧思想激荡与洪荒中，1919年5月4日早晨，傅斯年带领约三千学生的队伍，向北京使馆区进发，准备向美国公使递交抗议信。虽手无寸铁，却左右北京政局。

那时在北大图书馆任管理员的毛泽东后来说："我的工作之一是登记来读报纸的人的名字，但是对大多数人而言，我并不作为一个人而存在。来读的人之中，我认出了这次学生运动的著名的领袖的名字，如傅斯年、罗家伦及其他人，我对他们充满了好奇，我竭力想同他们谈论政治和文化，但他们都是大忙人。他们没有时间听一个操南方口音的图书管理员讲话。"（见斯诺《红星照耀中国》）这个在不久的将来左右中国历史进程的伟大人物眼里，傅斯年是那样高不可攀。据说，1925年傅斯年在外国留学时，还刻了一枚"天汉之后"的印章。后来一次酒醉后，他终于说出了愿望：把洋人从中国驱逐出去并将其消灭，让中国的领土扩大到苏伊士运河。

如果这样的记载是真的，那么传承几千年的中国"侠士"的那种家国情怀确乎在傅斯年身上得到体现，他也不单纯的是一个埋首故纸堆的文人，心中激荡着天下命运。有记载说抗战胜利时傅斯年喝得大醉，他游荡在重庆街头，亲吻遇见的每一个人。国家在一个知识分子心中的泰山之重可见一斑。

傅斯年人称"傅大炮"，这主要缘于他对政府腐朽、为政不当充满火药味的批判。抗战期间，对两位行政院长孔祥熙、宋子文展开猛烈攻击，最终促使他们辞职。更令人激赏的是抗战胜利后，傅斯年迅速展开复仇，对象就是那些北平沦陷后在"伪北大"时期积极服务的奴颜媚骨的知识分子。傅斯年向来最痛恨不讲民族气节的儒生文士，“1945年10月底，傅斯年由重庆飞往北平处理北大事宜，陈雪屏等人到机场迎接，傅走下飞机第一句话就问陈与伪北大教员有无交往，陈回答说仅限一些必要的场合。傅闻听大怒道：“‘汉贼不两立’，连握手都不应该！”当场表示伪校教职员坚决不予录用，全部都要屎壳郎搬家——滚蛋。同时表示要请司法部门将罪大恶极的儒林败类捉拿归案，打入囚车木笼，来个“斩立决”等。”（此处参见岳南《南渡北归》）在1950年12月，年仅54岁的傅斯年病逝后，蒋介石发去唁电，说他“其生平始末，困学之勇，忧国之忠，嫉恶之严，信道之笃，允为学行并茂之全才，亦民主自由之斗士。”实在是名副其实。

以傅斯年为参照，眼光再稍作回溯，我们便能看到侠骨铮铮、为国蹈死的谭嗣同。

这个别号壮飞的湖南浏阳人，心胸坦荡，为人仗义，仰慕古代侠士，12岁开始随“通臂猿”胡七及“义侠”大刀王五学剑习武，形影不离的除了古今书卷，还有一把“七星剑”。自19岁起他开始了古代游侠一般的壮游生活，游历大江南北，亲眼见了民生凋敝，国不堪国的晚清颓靡景象，怀着异常复杂的心绪写下“风景不殊，山河顿异；城郭犹是，人民复非”的家国忧思，大约自此时起，整顿河山，救命于水火的愿望比以往任何时候都要急切起来。果然，随着甲午战败，康梁上书等时代的波澜将他推向了变法图强的时代洪流之中。

按理，博览群书、眼光锐利的谭嗣同怎能看不透时局艰难与风险？正如后来他给恩师欧阳中鹄的信中说“大劫将临，愿众生咸免于杀戮死亡”，这便是侠之大者，单个的侠义精神体现在救助苦难群体，而放大了的侠义精神则是个体力量和声音对国家和社会的一种责任态度。此时的谭嗣同为了众生，甘愿冒险一试。

1898年6月，33岁的谭嗣同应光绪诏赴京变法，9月21日慈禧太后发动政变，囚禁光绪皇帝于中南海瀛台，随后四处网捕变法义士。风声日紧的情况下，梁启超避居日本驻华使馆，梁启超劝谭嗣同一道出走，谭嗣同说："不有行者，无以图将来；不有死者，无以召后起。"随后日本使馆几个友人也主动前来搭救，他依然断然拒绝，并慷慨言道："各国变法无不从流血而成。今日中国未有闻有因变法而流血者，此国之所以不昌也。有之，请自谭嗣同始。"随后谭嗣同被捕，并在狱中以煤屑题诗于壁，这其中便有后来为世人所知的《狱中题壁》："望门投止思张俭，忍死须臾待杜根。我自横刀向天笑，去留肝胆两昆仑。"此诗连用东汉两个典故，表达我且赴死，以期来者的决绝之意，借东汉弹劾宦官的张俭逃亡中平凡人家均不畏牵连，乐于接待一事，表达希望出亡的康有为、梁启超能像张俭一样受到人们保护，也希望战友们能如东汉装死以图将来的杜根一样忍死待机完成变法维新的大业。所以，可以看出，谭嗣同选择的死亡并非凡夫的死亡，他怀着赤子之心，寄希望于唤醒，寄希望于将来，如果自己的赤子之心，能震撼于万一，那么变革就是值得的。也许看到这里我们会不由自主地想起豫让拒绝伪侍赵襄子而杀之时所说的："然所以为此者，将以愧天下后世之为人臣怀二心以事其君者也。"我的坚守是为了让后世不忠的人感到愧疚，同样谭嗣同的慷慨赴死，是用他赤诚的肝胆唤醒更多的赤诚，并带来颓废中国将来的希望。从豫让到谭嗣同，虽时间相隔几千载，但侠骨侠行侠风这样的精神命意依然可以传承相续。

如今，文人君子者流"儿女情多，风云气少"，放眼当下，像“拔剑欲高歌，有几根侠骨，禁得揉搓”（谭嗣同《望海潮》），“吟到恩仇心事涌，江湖侠骨恐无多”（龚自珍《己亥杂诗》）这样的忧虑与慨叹何时能休？听闻台湾有为纪念傅斯年的傅园、傅斯年大厅，每小时都有敲响的傅钟，但愿这钟声终能振聋发聩！

真

相信很多人都参加过一些无聊的宴会或饭局，不去别人不快，去了自己不快，总之就是找不痛快。因此，不得不承认，很多饭局不过是通过彼此为难来维系脆弱的关系，真是矛盾得很！贾平凹先生写过一篇短文叫《辞宴书》，今天读来依然大呼过瘾，穷尽场面上的各种“肚皮官司”与“表面过场”。于是，很多人慨叹：做人，真难！如果玩一下文字游戏，其实就是我们面临的本质问题：做真人，难！一明白这个理，就知道很多所见所闻未必真，这才有了寻真、求真、守真的真人。

遥祭真性情

说到《辞宴书》，归结起来就一句话：官场的饭局不能打嗝儿放屁，我不去了。这话虽糙却有几分难得，第一处难得在于守真，“打嗝儿放屁”不是说贾平凹这人不文明，而是说“打嗝儿放屁”这种生理反应的背后是人的自然性，无论我们怎样作伪都无法否定自然性，尊重常识常态就是守真，官场饭局要破坏这种自然性，贾平凹作为有所坚守的文人当然不从！第二处难得在于明明白白说，我不去了。说这话是需要勇气的，尤其是对“官场”说。自古以来，以下陪上，不过就是“赔着笑脸敬酒，穷尽词汇赞美”，否则就是以下犯上。

以古为据的话，正如《妙真经》“自然者，道之真也”，把以上两处难得结合一下，就是能凭着勇气守真的人，我们谓之为有真性情。

那么什么是真性情呢？我将其概括为：豪迈自信、不拘礼俗、顺乎天性三种内涵。

下面以具体的例子作说明：

孟子在《孟子·公孙丑下》这样写道：“夫天未欲平治天下也，如欲平治天下，当今之世，舍我其谁也？”意思是说上天还没有想平定天下，如果要平定天下，现在这个世界上除了我还有谁能做到？如果无知者说这样的话，我们谓之轻狂，而作为儒家圣人，拥有的这份豪迈自信确实令人折服。当然，这份豪迈自信在后世文人身上也多有体现，比如辛弃疾在其词《贺新郎》中一句“不恨古人吾不见，恨古人不见吾狂耳”，文武兼备于身的他，说此话实当霸气二字！

梁实秋先生的《记梁任公先生的一次演讲》，文中记录了梁启超作演讲时的一个细节：“他走上讲台，打开他的讲稿，眼光向下面一扫，然后是他的极简短的开场白，一共只有两句，头一句是：‘启超没有什么学问——，’眼睛向上一翻，轻轻点一下头：‘可是也有一点喽！’”这个细节读来让人会心一笑，一个学者、文人的幽默、率真、谦逊与自负都淋漓尽致地呈现在读者面前，可是稍作考究，梁启超的这句话是谦逊多一点呢还是自负多一点呢？中国文化特别强调谦逊，从《尚书·大禹谟》就开始教育国人“满招损，谦受益”。可是有时候我们很难处理好这两者的关系，要么过分谦逊，进而妄自菲薄；要么过于自负，进而狂妄自大。概括起来就是：谦逊的时候难得自负，自负的时候又难得谦逊。梁启超率真，但率真得有分寸，率真得收放自如。

大家有兴趣话可以关注一下民国有大师风范的人物们。这里推荐大家读一读玉槐堂编著的《朝闻道：中国近代史上最后的100位名士珍闻录》，短小精悍，却能见人物精神。读后便能发现，与梁启超同时代的有真学识的大师们，颇有这种谦逊和自负的特点，比如说国学大师胡小石就是其中一位。有资料说他讲柳宗元一首七绝，讲着讲着就吟诵起来，念了五六遍之后，把书一收，说："你们走吧！我把什么都告诉你们了！"真学问家总是沉浸在自己的学术世界，把自己全面投入又全面敞开，一切行为举止都是顺着自己的感受与体会自然流动。同样是讲诗，俞平伯先生也有异曲同工之妙，作为国学大师俞樾的后代，能写诗，善填词，他讲诗词当然很有吸引力。在课堂上他选出一些诗词，自己摇头晃脑的在那里朗诵，有时完全沉醉在诗词的境界里，不觉闭上了眼睛，仿佛遗世而独立。蓦然间他又睁大了眼睛，连声说道："好！好！好！就是好！"学生正在等待他解释好在何处，他却已经朗诵起第二首诗词来了。

再比如北大三怪杰之一黄侃在堂上讲课，讲到一个紧要的地方，说："这里有个秘密，专靠北大这几百块的薪水，我还不能讲。你们要我讲，得另外请我吃饭。"把知识与金钱挂钩不正是我们所批判的俗吗？为什么我们看到这样的记载却丝毫不感到一个学者的俗气，反而益发觉得可爱可佩？大约这背后皆源于一个真字，真学问真学术则不惧怕虚伪的妄测与批判。还有那个以赤子之心写下《死水》与《红烛》的闻一多，总是高梳着他那浓厚的黑发，架着银边的眼镜，穿着黑色的长衫，抱着他那数年来钻研所得的大叠大叠的手抄稿本，像一位道士样昂然走进教室。当学生们乱七八糟地起立致敬又复坐下之后，他也坐下了，但他并不即刻开讲，却慢条斯理地掏出纸烟盒，打开来，对着学生们露出他那洁白的牙齿蔼然一笑，问道，“哪位吸？”学生们笑了，自然并没有谁接受这绅士风味的礼让。于是闻先生自己擦火柴吸了一支，使一阵烟雾在电灯下更浇重了他道士般神秘的面容。于是，像念“坐场诗”一样，他搭着极其迂腐的腔调，念道：“痛——饮——酒——熟——读——离——骚——方得为真——名——士！”这样地，他便开讲起来。若遇这样的老师，也许讲课的外在技巧不是最好的，但得以一沐学者的春风，真是三生有幸。

话说回来，我们不够洒脱与自信的原因是什么呢？也许根本不在于我们不够狂，而在于我们不够强大、不够投入、不够爱，以至于不够忘我，若强作狂夫样，难免失真。

“不拘礼俗”这一内涵，在魏晋名士当中体现得最为充分，可以详读《世说新语》。举阮籍一例，《晋书》卷四十九《阮籍列传》载：“籍嫂尝归宁，籍相见与别。或讥之，籍曰：‘礼岂为我设邪！’邻家少妇有美色，当垆沽酒。籍尝诣饮，醉，便卧其侧。籍既不自嫌，其夫察之，亦不疑也。兵家女有才色，未嫁而死。籍不识其父兄，径往哭之，尽哀而还。其外坦荡而内淳至，皆此类也。”大意就是说，阮籍的大嫂有一次回娘家探亲，阮籍和她见面送别。有人讥笑他。为什么讥笑？送别自己的大嫂不是很自然的吗？可见当时很多人在不健康的“礼”之幌子下思想极为低俗与虚伪，阮籍毫不为意，回敬道：“礼法难道是为我设的吗？”又有邻居少妇长得漂亮，在店铺卖酒。阮籍常常到少妇那喝酒，醉了就躺在少妇身边。阮籍不觉得有什么要避嫌的，少妇的丈夫看见了也不怀疑什么。有户军人的女儿有才华也漂亮，没出嫁就去世了。阮籍不认识她父亲、兄长，却径直前去吊唁，哭够了才回家。最令人敬佩的是“其外坦荡而内淳至，皆此类也”，一个人品质高低不在于徒有虚名，而是外表坦荡，品性真诚，所作所为都是自然的样子。

这里也有个在今天依然很流行的隐士陶渊明的例子，在《宋书·陶潜传》有如下记载：“潜不解音声，而畜素琴一张，无弦，每有酒适，辄抚弄以寄其意。贵贱造之者，有酒辄设，潜若先醉，便语客：‘我醉欲眠，卿可去。’其真率如此。”这里有两个细节值得关注：其一是陶渊明不解音律，但却抚弄着一张无弦琴，以此依托自己的心怀。这形状真犹如武侠中的“无招胜有招”的高手境界；其二是他的待客之道，全不管迎来送往这些俗套，有酒就喝，喝醉就眠，睡前还要给客人来一句：你可以走了！这真是一个隐者在摆脱世间礼俗后才有的一份率性，后来诗仙李白据此事写成《山中与幽人对酌》一诗：“两人对酌山花开，一杯一杯复一杯。我醉欲眠卿且去，明朝有意抱琴来。”两个天才的诗人在这一点上跨越时空形成了心灵的共鸣。

另外，古代文人为了调和个人与封建集权社会的紧张关系，提出“顺乎天性”这一主张来保存自己的人格独立。这一主张我们可以追溯到道家庄周的“曳尾于涂中”的典故，他为了固守神形的自由，拒绝了世俗精致的囚笼。这种对自由的追求与坚守，一直到今天依然是文人最看重的精神品质。近代文人林语堂还说过，一个人“顺乎天性，就是身在天堂”。其实这样的例子只要我们留意于身边的教材，也能发现不少这样的主张。比如柳宗元的《种树郭橐驼传》与龚自珍的《病梅馆记》，这两篇文章传达的精神内涵在“顺乎天性”这一点上竟然神奇地吻合。

由此可见，所谓真性情，其实就是真诚地对待自己，当哭则哭当笑则笑，在哭笑自如的背后是对自己和社会的赤子之心，不做世俗的傀儡。这样的人物身上往往具有丰富的人格内涵，在也更容易打动人。

颠倒困踣见真理

很多道理的明白，历经坎坷波折，在命运纵横交错的褶皱里捡拾汗水析出的结晶。

明李贽《续焚书·答马历山书》说：“颠倒困踣之极，乃得彻见真性。”这里的见真性，就是洞察事物的本质，包括天地万物乃至人之自身。这位明代末期被封建卫道士们视为“狂人”的“异端”思想家，是抨击时局、揭露假道学和封建礼教的勇敢斗士。此信是李贽寓居通州的时候，与马历山（马时叙，号历山）探讨学问的一封回信。李贽开篇就说：“凡为学皆为穷究自己生死根因，探讨自家性命下落。”用西方流行的观点就是人要关注“我”，正如博尔赫斯所言：“‘我’意味着非公开的个人，意味着真实。”毋庸置疑我们群居已成习惯，在集体强大的力量面前推动人类文明绝尘至今，可喜可贺，可是我们也知道只有每个人有意义的时候群体才是有意义的，否则就是选择在集体狂欢中对个体悲剧、幸福、渴望、挫折的漠视。所以，李贽发现了绵延几千年的封建制度与一些传统学说看似合理实则虚伪的事实，那就是以个别人的意识代表了、决定了、淡化了天下苍生的存在感，他们被假假道学和封建礼教教化、决定并整齐划一每一种生命，使每一个生命都是一种生命，无数鲜活的真实生命被抽象的权威剥夺，这就是李贽眼里历史和现实的真实，他要通过对“自家性命下落”的追究，发现个体存在的真相和真理。

今天，我们翻阅李贽，还在古籍中占山为王的正是他独特的眼光与“异端”。他看到，几千年来儒家思想被不断异化，满口仁义道德的卫道士、伪君子“名为山人，而心同商贾，口谈道德，而志在穿窬”（《续焚书·夏焦弱侯》）。仁义道德不过是他们追名逐利、打洞穿墙以窃时戴在脸上的假面具。在程朱理学横行于世的时代，他一眼便洞穿“阳为道学，阴为富贵，被服儒雅，行若狗彘”（《续焚书·三教归儒说》）现象的本质，让那些伪君子流的心理优越感瞬间崩塌，进而他发现实则圣人非圣，也许“穷究自己生死根因，探讨自家性命下落”便人人都能成为圣人，所谓的圣人之言就不一定是万年不变的真理。在皇权达到极致的时候，他毅然提出“天之立君，本以为民”的主张，天下官员也应为百姓服务，而非做“冠裳而吃人”的虎狼。与此同时，他还冒天下之大不韪地承认个人私欲，说“私者，人之心也，人必有私而后其心乃见；若无私，则无心矣”（《藏书》）。针对“存天理灭人欲”的命题，他提出“穿衣吃饭，即是人伦物理”（《焚书·答邓石阳》）的主张，认为尊重真实的日常生活就是最大的“理”，而非伪君子虚伪的圣人之论。

凡此种种，是时代先觉者李贽对时代的洞见与对真理进行辩驳探求的勇气。历史经验告诉我们，真理的产生在于破与立，可这“破”与“立”往往需要“虽千万人吾往矣”的决绝和勇气。

也许我们在“真”这个永恒的智慧面前依然能得到足够的说明。与伪相对，李贽更加明白真的意义。李贽在一篇小散文《童心说》中提出了很重要的文学观念“童心说”：“夫童心者，真心也。若以童心为不可，是以真心为不可也。夫童心者，绝假纯真，最初一念之本心也。若失却童心，便失却真心；失却真心，便失却真人。人而非真，全不复有初矣。”李贽在这里阐述的童心其实就是人在最初未受外界任何干扰时一颗毫无造作、绝对真诚的本心。正所谓为人为学都要真实坦率地表露内心的情感和人生的欲望。可是，很多时候世事教人以世故，最初的一念本心遭逢成人世界的虚伪、诡诈，最终沦为逢场作戏，“由是而以假言与假人言，则假人喜；以假事与假人道，则假人喜；以假文与假人谈，则假人喜。无所不假，则无所不喜。满场是假，矮人何辩也”，想四百余年前的李贽能道得个语，正是慧眼独存！

童心之真何以可贵？我想起安徒生的童话《皇帝的新衣》，其实这篇童话非给儿童写的，而是成人世界的醒世恒言。童言无忌，所以敢作敢为敢言，一旦长大却难免穿上皇帝的新衣，对真相熟视无睹，过上“假作真时真亦假”的生活，也只有童心尚存者才会说：瞧，那人什么也没穿！

回到李贽的“颠倒困踣之极，乃得彻见真性”上来，这个看穿虚伪，追求真理的智者，自然深感先觉者的孤独与时代报答给一个智者的必然痛苦。自万历十六年（1588）起，此后十余年间李贽常住佛寺，著书立说，开坛讲学，还与意大利传教士利马窦进行了三次友好的宗教交流。据载，李贽一开坛讲学，不管哪座寺庙，还是深山老林的和尚、樵夫、农民、甚至连女子也勇敢地推开羞答答的闺门，几乎满城空巷，都跑来听李贽讲课。一下子，李贽成了横扫儒、释、道的学术明星。可是李贽在那个时代的“异端邪说”，很快遭到保守势力的攻讦，被正统人士视为“狂诞悖戾”，“惑乱人心”。万历三十年（1602），礼部给事中张问达秉承首辅沈一贯的旨意上奏神宗，攻讦李贽。最终以“敢倡乱道，惑世诬民”的罪名在通州逮捕李贽，并焚毁他的著作。

不久李贽迎来了自己生命的终点。在狱中，李贽要侍者为他剃头，等侍者离开的间隙，李贽用剃刀割开了咽喉，但并没有立刻咽气，留下了一段对话。侍者问：和尚痛否？答：不痛。问：和尚何自割？答：七十老翁何所求！而据袁中郎记载，李贽在自刎后两天，才始得脱离苦海，为他悲惨而激越的人生画上了句号。

可是，真正的句号究竟是给李贽的还是明末那个时代的，还有待我们思考。

不知是哪个哲人曾说，我们从未抵达真理，永远在前往真理的路上。人们极易沦为某种思想的囚徒而不知，所以不断需要有智者打破死水之沉寂。正所谓虽天道有常，社会有序，每个人在社会秩序或社会认知中遵道而行，但世间事瞬息万变，所谓秩序与认知也未必一定。当思想见识领先时代的人，看出常态中的不合理，尽管这种看出或挑战本身又被无意识的群体当作“异端”，我们依然要充满“虽千万人吾往矣”的勇气。

李贽好友，湖北“公安三袁”之一的袁中道在《李温陵传》中说李贽“骨坚金石，气薄云天；言有触而必吐，意无往而不伸”。这金石之骨，这薄天之气，吾辈尚存乎？

真相可知不可知

这个时代，我们常常来不及细究事情的真相，便匆忙表态。

看到龙应台先生的一篇文章，《乡村孩子的两节作文课》，写她上的一次作文课。龙应台面对的是六年级的学生，要教学生写一篇论说文。

这节课是从视觉开始，她先给学生播放的电影《白色荒野》中的旅鼠自杀镜头，时间大约六分钟。

影像惊心动魄，学生看得专注，一时鸦雀无声。“一个六分钟长的影片，孩子们睁大眼睛看着成千上万的老鼠在慌张地推挤奔窜，窜过森林，窜过溪流，窜过田野，仿佛在没命地逃亡；最后奔到了悬崖边缘，下面就是大海，最前面第一批老鼠毫不迟疑地就往下跳，后面跟上来的，不明就理，一批一批跟着跳。老鼠载浮载沉地在汹涌的海浪里漂，最后集体淹死。”

然后龙应台提问了，问：“你们觉得，我要出给你们的论说文题目，会是什么？”结果学生的回答干脆利落，说：“不要盲从”。龙应台在文章中写道：“三十六个孩子拉长了调子像合唱团一样唱出一个一致的答案，未经商量就一致的答案。”我想那一刻包括后来写这一刻时龙应台内心会有闪电般掠过的惊讶甚至恐慌。

没有好奇？没有质疑？没有为什么？四个字，“不要盲从”，就是一段六分钟视频的全部结论。

龙应台的课堂继续着。问：“你们觉得刚刚的影片好看吗？”“好看。”“有收获吗？”“有收获。”“印象深刻吗？”“印象深刻。”

可是——

（这总是我们洞见问题时的转折词。）

“如果我跟你们说，这个影片是伪造的呢？如果我现在告诉你们，这部片子得到了1958年美国奥斯卡最佳纪录片奖，但是内容是造假的呢？这种老鼠叫作旅鼠，一直有民间的说法，说旅鼠会集体自杀，可是并没有科学根据。这部片子的制作团队，为了得奖，制作出成千上万旅鼠跳海自杀的画面，事实上是摄影师只用了二三十只旅鼠，利用摄影镜头，假造出成千上万的视觉效果，而且，那些旅鼠，是摄影师一群人围起来把它们赶下悬崖的。影片得奖之后，传播全世界，更加深了人类对旅鼠会集体自杀的印象。几年以后，欧洲才有人举报这个片子造假。科学家也出来说，旅鼠根本不会集体自杀，他们只会集体迁徙……”

龙应台写道：“我相信孩子的脑子里刹那间有千条电光在闪，几分钟前的认知突然山河变色，自己脚下所踩的板子突然被抽走，需要重新找到看这个世界的位置。”

原谅我如此冗长地转述，但这正是我意图的全部。“自己脚下所踩的板子”，我们谁能确定自己所踩的板子是可靠无疑的？我想到“文革”时期人们盲从信奉的绝对正确，再到“实践是检验真理的唯一标准”的提出，这种落差是不是就像十来岁单纯的小学生“自己脚下所踩的板子突然被抽走”，悬空在那里，不知何去何从，不知该信仰些什么？

记得以前读的一首短诗，是席勒的《我的信仰》：

我信什么教？你举出的宗教，我一概

不信。——为什么全不信？——因为我有信仰。

那么席勒的信仰到底是什么？独立意志和个人眼见。

事情一旦发生，就不再以自然状态存在，它在各种传播途径和口舌中被各取所需，所谓的真相只是部分人所期望的事实，你要还原事件，就要对事情充满好奇心、探究心，提出问题，然后去调查验证。面对当下的事情是如此，面对历史的真相我们更应当慎重些。比如四川大学的王东杰教授就提出让我们“换一束新的光芒召唤历史”，“无论眼前的世界如何活泼生动，它也势必沦为往昔，沉入历史的暮色。可它们并未消逝，只是静候现实的召唤，一旦有一束光投射过去，就立刻鲜明起来。那些被认为意义重大的事件，更是从来都如影随形，陪伴在人们身边。而往昔与现实的交织，既可能是正面的，也可能是负面的。在后一情形下，它带给我们的更多是灾难：对既往的认知因现实的争论而四分五裂，眼前的对抗也因双方从同一段历史中各取所需而难解难分。”（参见《读书》2015第8期王东杰《换一束新的光芒召唤历史》）

事实被“各取所需而难解难分”直接影响我们对事实的认知，必然带来误判和负面的影响。正如现代社会喧嚣沸腾的网络媒体，事件一经报道就处在失真的风口浪尖，而广大受众由于缺少必要的调查和理性，盲目表态、争辩甚至愤怒，而事情本身却被遗忘在原地，被冷淡和边缘化。我们有必要读一读加缪的《局外人》，一个普通的杀人事件，事实清楚，证据确凿，本可清楚审判并结案，但无论律师、法官，还是媒体、看客等，无一不是从自己的价值导向入手，将注意力聚焦于事件之外的主观臆测，而杀人者，当事者，也是本书的主角却成了事件的局外人而被群体漠视。这正好说明病态群体中，事件的本然面貌与真相或许一点都不重要，只不过借此一泄私意。

作为读书人，或者可能的知识分子，我们应当对真相保有必要的关切，同时进行独立自主的思考。国学大师陈寅恪先生题写在《清华大学王观堂先生纪念碑铭》中的十个大字“独立之精神，自由之思想”，是为学为人保持理性清晰的根本，不被意图颠倒众生的迷局所误导，切己精思，穿过迷雾，揭示真相，作出解释，如学者所言“知识分子除了揭示真相以外，他还必须运用其智识为公众解释为何这是真相，或者在真相尚未解开之前，向公众解释出了什么问题。”（参见《读书》2015年第8期苏光恩《朱特最后的沉思》）我想，即使我们做不到这一点，也应在理性缺失的时代保持理性，不对负面的意图以推波助澜，如此，真相也必不远人。

当然，在某些意义价值层面，真相有时又是残忍的利器。

正如不安的情人老是问“你爱我吗？”这样的问题，问一次，是求有意义的真相，可是不断反复就成了无意义的干草，失去了期待与新鲜感。这还是一般意义的无趣，更残忍的也许在于人生价值的真相。

爱尔兰现代主义剧作家塞缪尔·贝克特的荒诞戏剧《等待戈多》正好可以说明这一点。两个流浪汉一直在等待一位叫戈多的人的到来。此人不断送来各种信息，表示马上就到，却从来没有来过。他们设想自己的存在具有某种意义，他们希望戈多能来，给他们带来希望，令他们获得某种形式的尊严，可是等待的过程又是那样无意义，他们为消磨时间，语无伦次、东拉西扯地试着讲故事、找话题，做着各种无聊的动作，最后，两人大为绝望，想死没有死成，想走却又站着不动。贝克特以这种戏剧化的荒诞手法，揭示了世界的荒谬丑恶、混乱无序的现实，写出了在这样一个可怕的生存环境中，人生的痛苦与不幸。剧中代表人类生存活动的背景是凄凉而恐怖的。人在世界中处于孤立无援、恐惧幻灭、生死不能、痛苦绝望的境地。

这，也是真相。可怕的真相。不少人都在等待那个意义，可等待本身又可能毫无意义。

据说《等待戈多》1958年在美国最大的圣昆廷监狱上演，获得了数千名囚犯的热烈掌声。有人说，这些囚犯才是真正的“戈多”，他们才是满怀希望的等待者，可是《等待戈多》告诉他们真相，也许那一天永远不会到来。

我们还可以再次关注现代媒体的行为。2012年有一件引起央视关注的热门事件，“鲁若晴事件”。最初，是山东青岛女孩鲁若晴于2012年年初被查出血癌晚期，曾前往北京进行化疗和加干细胞移植治疗。在治疗期间她将自身状态及病情变化记录在微博上，被网友“作业本”转发后，一夜间成为了“网络名人”。数以万计素不相识的人通过微博向这个坚强乐观的姑娘说“我爱你”，其中还包括韩红、黄渤、范玮琪、何炅、文章等文娱明星。与此同时，“鲁若晴”的微博粉丝也开始暴涨。许多报纸刊发报道，给鲁若晴加油和支持。一时间，“鲁若晴”成了备受瞩目的微博名人。

但是网络时代赋予了每一个人发声的可能和权利。很快就有人站出来质疑，认为这是一次为牟利并有计划的炒作，不久各种攻击、质疑、谩骂也随之而来，迫于这种心理上的压力，“鲁若晴”删除了微博所有内容。可是这无疑是一石激起千层浪，一次全民同情事件迅速转变成一次全民真相调查，线上线下媒体和网民纷纷赴实地调查或者展开人肉搜索，执着地调查求证“鲁若晴事件”真相。

最终当然找到了真相，结论是确有其事。而值得一提的是，整个过程“鲁若晴”从未请求募捐或别的什么帮助，既然如此，她是真是假，与他人又有什么关系呢？最后《齐鲁晚报》发表评论《“鲁若晴”没求咱什么，别那么苛刻》，义正词严地指出：“无论网民还是媒体，对真相的苛求都不应以牺牲他人的隐私权利为代价。看到人家删了微博，就以此为据急匆匆地指责人家欺骗了自己的善良，这太性急了。”“诚然，追求真相确有必要，社会诚信正是建立在真相的基础上的，网友对鲁若晴的关注同样如此。但面对一个可能的绝症患者，是粗暴的质疑好呢，还是以宽容的心态耐心等待真相更好呢？我相信，善良的人更多地会选择后者。”

我们深知新闻事业有一个崇高的理想：传播真相。正因为有了这样一块“金字招牌”，很多媒体就无所不用其极地用各种手段探究真相，“暗访”“卧底采访”“追踪调查”等手段层出不穷。诚然，质疑事实，探究真相，是媒体的基本功能之一，无可厚非，可是媒体行为边界在哪里？面对真善美，我们的第一反应应该是质疑还是相信？我们对所谓“真相”的追求是否要以伤害他人为代价？有些时候真相到底可知不可知？

博尔赫斯说：“我们努力扩大自己，以靠近，以触及我们自身以外的世界。”科技假我们以手段，延长我们的双手，拓宽我们的眼见，可我们最应该考量的却是，我们靠近、触及世界的方式是否充满善意。

至念道臻，寂感真诚

很多道理易于明白，它并不高深，且具有绝对正确、伟大与神圣的常识性，可是正因为理所当然的存在，又往往被忽略。我们习惯于仰望大道理，宇宙天地，玄之又玄，而人性的立足点偏偏低于尘土。

真诚何尝不是如此？厚黑、权谋、公关这些社交生存之道的流行和泛滥，说明很多人追求的正是“一伪藏真”，于是每个人都处于谨慎的怀疑当中，然后用更大的谎言来保护自己，真诚自无立足之地！

“包装”这个词汇早已远离基础语义的家乡，成为成功学中别有意味的一枚武器。社会中，为了成功售卖自己，无论商品还是人，都要精心包装一下。“买椟还珠”的故事成为有考古价值的营销启示录，“楚人有卖其珠于郑者，为木兰之柜，薰以桂、椒，缀以珠玉，饰以玫瑰，辑以羽翠。”精致的包装喧宾夺主，剥夺了所装之物的价值，今天我们可以说郑人聪明有眼光，买其椟而还其珠。可是楚人要卖的是珠还是椟？郑人要买的是椟还是珠？

生活不可能都是阴差阳错的美好结局，有时候错了就是错了，错就意味着目的的失位。

今天，可与此比肩的不乏其物其人，珠玉其外败絮其中的烟酒茶，演技不够话题来凑的演员，满纸荒唐言的学生自荐信等等，他们一时间看起来很美，可是难经时间精细入微的验证。近来有媒体报道很多用人单位纷纷抱怨，录用的职员个个简历惊人，国内外各种名牌大学、各种奖项、各种创新、各种成就等等，用人单位最初都以为捡到宝，可是实际一用，有些连基本职业知识、基本职业道德、基本职业素养都没有！为什么？读大学读的不再是书，读的都是包装学，学“装潢”、搞噱头去了！

还有就是话语包装，奉承话、恭维话、哄骗话，易于挠及他人痒处，说多了这种“悦耳之言”，听者慢慢就信以为真，贻害甚众。明代著名理学家、教育家、文学家刘元卿编有一个寓言集《贤奕篇》，其中有个故事叫“黠猱媚虎”，说有一种叫猱的猴子，身体轻小，善于爬高，爪子非常尖利。有一次，老虎的脑袋发痒觉得难受极了，就让猱给它搔搔痒。猱不停地搔着，以至把老虎的脑袋搔开了个洞，老虎还觉得舒服而没有发觉。猱慢慢地掏出老虎的脑子来吃，还吐出吃剩下的渣滓奉献给老虎，说：“我偶然弄到了一点荤腥，不敢自己偷偷吃掉，把它献给您吧！”老虎说：“猱呀，你对我真是一片忠心啊！你体贴我，连自己的吃喝也忘记了。”老虎吃下了自己的脑子，还是没有发觉。慢慢地，老虎脑子被掏空了，狂吼而死。

这个故事可以有很多解释，用来隐喻奉承话的利害也极为恰当。你想，谁都愿意听好话，可是恭维过头则别有用心，让你在自我麻醉的舒适中慢慢步入圈套和绝境。这也就从反面证明了什么叫忠言逆耳，忠言往往说到人的痛处，假话则多挠及人的痒处。看古今帝国王朝，许多都是在拒绝真诚的情况下，因甜言蜜语而伤筋动骨。

善于谄媚之人不可交、不可用，而说话做事模棱两可的人也应敬而远之，因为这种人往往城府极深，难谈得上真诚。唐朝前期有个宰相叫苏味道，仕途顺利，官运亨通，在位长达数年之久，但他在位期间并没做出什么突出成绩来。他老于世故，处事圆滑，他常对人说："处事不欲决断明白，若有错误，必贻咎谴，但模棱以持两端可矣。"意思就是处理事情，不要决断得太清楚、太明白，要是这样处理错了，必会遭到追究和指责。只要模棱两可，哪边都抓不着小辫子就行了。当时，人们根据他这种为人处世的特点，给他取了一个绰号，叫"苏模棱"。试想，如果身边有这些人，大到治国小到交友，无非是鲁迅写的那种"'啊呀！这孩子呵！您瞧！那么……。阿唷！哈哈！Hehe！He，hehehehe！"（鲁迅《立论》）之辈，遑论他给你一点真诚的建议？

先贤圣训在前，真诚是人际交往的重要前提。孔子说交友要"友直，友谅，友多闻"（《论语·季氏篇》）。"友谅"指的就是真诚、信实，为人不欺。西方大哲叔本华则更是一针见血，说："朋友都说自己是真诚的，其实，敌人才是真诚的。所以，我们应该把敌人的抨击、指责作为苦口良药，以此更多地了解自己。"（叔本华《人生的智慧》）无论敌人朋友，其实这两位先贤的智慧不分轩轾，真诚都是我们渴求一见的基本道德。

说到底，今天我们为人处世不够真诚的原因，往往缘于急于求成的功利心。太需要立竿见影的成功，太需要一本万利的投入，太需要利益趋同的朋友，所以我们不得不用心于外在的取悦与苟同。可是，任何事要臻于至道，永远是慢节奏的，是用心经营的，是细水长流的，虚假的外在终究难掩内在的不足和缺失。《汉武帝内传》有言：“至念道臻，寂感真诚。”这“寂”就是时间，是素淡平静之中见真醇。作为知识分子当不取媚于权力或公众或任何他者，恪守真诚，是我们应有的操守。

慈

寂寞慈悲心

先讲两个“不被理解”的故事。

日本江户时代中期有一位禅师，法号白隐。他非常有德行，修行高深，声名远扬，深受百姓的敬仰与称颂。

话说白隐禅师所在的寺院附近住着一户人家，家里有一个非常漂亮的女儿。忽然有一天，夫妻俩发现女儿的肚子大了起来，这使他们非常生气，好端端的一个黄花闺女，竟做出这种见不得人的事。起初，她不肯说出那个男人是谁，后来，在父母的一再威逼下，她念头一动说出了“白隐”两个字。

她的父母迫不及待，气势汹汹地来到寺院，狠狠地将白隐禅师痛骂了一顿。可是，白隐禅师并没有生气，只是轻轻地说道：“就是这样吗？”

当孩子生下来后，父母把孩子带去给白隐禅师说：“你是孩子的父亲，所以应当由你来抚养他。”并且这件丑闻传遍了乡镇，使他名声扫地，没有人再来拜见他。

但是他并没有因此弃养孩子，而是非常细心地照顾好孩子，四处化缘乞求婴儿所需要的奶水和其他用品，到处遭受辱骂和耻笑：“这个坏和尚！”“这个不正经的和尚！”但是，白隐禅师不论受到如何的羞辱，他总是泰然处之，默默地抚养着孩子。

在白隐禅师精心的呵护下，孩子一天天地长大了。看见可爱而又可怜的宝宝，这位孩子的妈妈，再也忍受不了良心的谴责，她向父母吐露了真情。

听完女儿表明的事实真相后，父母心里生起了无限的懊悔和对白隐禅师的崇敬，羞愧万分地带着女儿来到寺院，向白隐禅师赔礼悔罪、请求原谅，并要求带走孩子，为他挽回声誉。

白隐禅师听了以后，也没生气，还是像当初那样，淡然如水，更没有趁机训斥他们。他只是在交还孩子时轻声地说道："就是这样吗？"仿佛不曾发生过什么，即使发生过，也好像一阵云烟随风而散。

事后，有人问白隐禅师被诬蔑冤枉，名声扫地，却始终不辩解，为什么呢？

白隐禅师说："出家人视功名利禄为身外之物，被人误解于我毫无关系；能解少女之困，能拯救一个小生命，这是我的本分。"

中国的宗教信仰很多时候被误解，被披上迷信的外衣，其实很多时候它却又能教人以爱、授人以慈、予人以智慧。像白隐禅师心心所念乃是"少女之困""拯救一个小生命"，外界非难又有何干系？受诬蔑、受辱骂，也不辩解，默默承受去做，这种修行，是寂寞慈悲心。

佛法中讲"息心断念"，其实不应单纯理解为让人断情绝爱，他还有舍身外之名以洞悉真理的意思，这真理就是什么是舍？什么是得？什么是执迷？什么是空？当所见无碍，当所行无执，便能如孔子所说"从心所欲不逾矩"，白隐禅师说"就是这样吗？"好吧，你来！又说"就是这样吗？"好吧，你走！来去随缘，看似无情，过程却能渡苍生于苦厄。

可见，真正的佛陀不是无情者，他们喜爱苍生，他们更惜生爱命。

还有一个禅的故事。古代一位混混买了三匹八吊钱一匹的布，付款时声称“三八二十三”而不是“三八二十四”，这位混混竟然以颈上人头作担保说自己是对的，只肯付二十三吊钱。一位小和尚打抱不平，说如果“三八二十三”是对的，他愿意输掉头上的帽子。众人相持不下，于是来到小和尚的师傅——一位德高望重的老和尚处，请他作主。

没想到，老和尚沉思了一会，竟然说“三八就是二十三”，小混混是对的。小混混不但用二十三吊钱拿走了三匹布，还得了小和尚的一顶帽子，高兴而去。老和尚却因此受到镇上众人的鄙视与驱逐。小和尚一路上都愤愤不平，最后还是忍不住质问老和尚为何说“三八二十三”。老和尚说，你说那小混混的头重要，还是你头上的帽子重要？他用头来和你的帽子打赌，我能说“三八二十四”吗？

小和尚明白过来，我们大概也都能够理解那位宅心仁厚、救人一命的老和尚。有人质疑说，这个事情的背后在误导人们相信：真理永远没有生命重要，是对“朝闻道夕死可矣”的瓦解。其实大可不必如此误解，有些真理一望而知不辩自明，或者说还有解悟的可能，而一个生命却没有复生的机会。

值得一提的是，以慈心助人并非借以获取心理优越感或者道德自足感，也并非刻意向世人或自己证明自己是个好人。当我们大肆宣传某种德行的时候，正好说明它的稀有和缺失。也许寂寞平淡的慈心，才更滋养灵魂。

我始终记得陈忠实先生《晶莹的泪珠》中的一个片段，故事梗概是讲在大家都开开心心新学期报名的时候，“我”却因为家庭贫穷至于山穷水尽而不得不休学一年，在班主任和校长都签字同意后找到教务处一个女职员开休学证明，这个过程自然有很多感人的地方，但最让我感动的是，在休学证明写好之后，女职员陪伴文中的“我”所走的那一段路。文中说：

“她拢了拢齐肩的整齐的头发朝我走来，和我并排在廓檐下的台阶上走着，两只手插在外套的口袋里。走过一个又一个窗户，走过一个又一个教室的前门和后门，校园里和教室里出出进进着男女同学，有的忙着去注册去交费，有的已经抱着一摞摞新课本新作业本走进教室，还有从校门口刚刚进来的背着被卷馍袋的迟来者。我忽然心情很不好受，在争取得到了休学证后心劲松了吧？我很不愿意看见同班同学的熟悉的脸孔，便低了头匆匆走起来，凭感觉可以知道她也加快了脚步，几乎和我同时走出学校大门。……我抬头看她，猛然看见那双眼睫毛很长的眼眶里溢出泪水来，像雨雾中正在涨溢的湖水，泪珠在眼里打着旋儿，晶莹透亮。我瞬即垂下头避开目光。要是再在她的眼睛里多驻留一秒，我肯定就会嚎啕大哭。”

你可曾想过一个本应与大家一起，却因为不幸命运而不得不“逆流而行”的少年人的尴尬和孤独吗？那如同将少年人被贫穷损伤的脆弱而高贵的自尊心暴露于阳光下，让众人的瞩目再将他深深灼伤。但这个女职员不是拿出个人钱财来接济“我”，因为她没有那个能力；她也没有求告学校领导破例收容我，因为她没有那样的权力；她只是以慈悲的心发现“我”的尴尬和无奈，她只是那么默默地陪着“我”“逆行”：“走过一个又一个窗户，走过一个又一个教室的前门和后门，校园里和教室里出出进进着男女同学”，她让“我”破碎的自尊里有了一丝温暖。那从眼睫毛很长的眼眶里溢出来的、像雨雾中正在涨溢的湖水般的晶莹透亮的泪水，使我深深觉得“这种眼神足以使任何被痛苦折磨着的心平静下来，足以使任何被痛苦折磨得心力交瘁的灵魂得到抚慰，足以使人沉静地忍受痛苦和劫难而不至于沉沦”。也许，这就是寂寞慈悲心的力量，它不惊天动地，它甚至算不上伟大，但是你能说此心不善？慈心不存？

慈，不是刻意点亮的一盏灯，我们需要善行成为一种习惯甚至本能。在日益喧嚣的社会，以慈心行善就是像一脉毫不张扬而又温暖的涓流在人间的每一个角落默默流淌，正如老子说：“善行，无辙迹”（《老子·二十七章》），我们驾驶美好的心灵之车雪中送炭却车过无痕，无别样的在意，无别样的求索，慈悲之行才会似淡而浓，似浓实淡，清澈无迹，至柔无形，正如前面两个故事中的大德高僧，虽也寂寞，虽也冤屈，但善行无迹，必能行者无疆！正如陈忠实记忆中的那个女职员，虽然沉默，但予人安慰与温暖。

何不食肉糜?

老子说过：“民不畏死，奈何以死惧之。”（《老子》第七十四章）

木心在《文学回忆录》中就此断论：老子最早知道中国的两

种特产：一是暴君，二是暴民。

这里先讲暴君。经常可以看到有人整理的古代十大暴君之类的信息，略一窥看便知这些暴君都是内心冷漠毫无恻隐之心的人类败类，遗憾的是他们却掌握了最强大的权力，可任意屠戮天下生灵。魏晋南北朝是朝代频迭的乱世，乱世则群魔横生，比如刘宋第八任皇帝刘昱，史书记载此人“天性好杀，以此为欢，一日无事，辄惨惨不乐”（《宋书·本纪第九·后废帝》）。不仅十几岁就喜好“夺人子女，掠人财物”，还是个天生嗜血好杀之徒。据说他很喜欢解剖人体，一言不合就要解剖身边的太监或臣子，比如一个亲信口中有蒜味，他竟剖开这个亲信的肚子，要看看他有没有吃大蒜。他几乎日日纵马街市，抓到谁就杀谁，“飞镞鼓剑，孩稚无遗，屠裂肝肠，以为戏谑，投骸江流，以为欢笑”。最后百姓不敢上街，大白天路上也是空荡荡的。想如此“善无细而不违，恶有大而必蹈”之人，必然天人所弃，身首异处而不可一悯。苍天慈悲，必降罪于不慈之人。

当然，赤裸裸地给百姓施加以残暴必然可恨，如桀纣、刘昱之类；但作为天子却无视无知那些无立锥之地的细民，还一副懵懂天真样也令人切齿。比如晋朝的晋惠帝司马衷，是晋武帝司马炎第二子，西晋的第二代皇帝，他在位的十数年间，痴呆不任事，终为诸侯权臣挟持，形同傀儡，受尽凌辱。有一事至今依然令人啼笑皆非，说在他执政时期，有一年发生饥荒，百姓没有粮食吃，只有挖草根，食观音土，许多百姓因此活活饿死。消息被报到了皇宫中，晋惠帝坐在高高的皇座上听完了大臣的奏报后，大为不解。“善良”的晋惠帝很想为他的子民做点事情，经过冥思苦想后终于悟出了一个“解决方案”，曰：“百姓无粟米充饥，何不食肉糜？”身居宫中，所见皆是锦衣玉食，难分五谷，甚至不知米肉之别，竟昏聩痴顽地说没有米充饥就吃肉粥嘛！如果我们要以慈悲心断论一个人的善恶的话，那么这个似乎一心为民解忧的司马衷到底是善还是恶呢？

所以说慈悲心的实行一定不能居高临下且鼠目寸光，深处云端对他人的悲剧便难有切肤之痛，而在其位而又谋其事，看似无辜实则就是暴乱之源。故而暴君有两种，明目张胆型的，还有愚昧无知型的，也许后者遗祸更深广。

儒家提倡为政在仁，仁者，爱人，其实也就是慈悲之道。得道多助失道寡助，为国为家，民主沉浮，实非一人之力。悠悠千载，也有明君圣主留下嘉言懿行，令我们躬亲践行。曾看到一则唐太宗的史实，贞观六年（632）全国只有390名死刑犯。唐太宗把他们全部释放回家与家人诀别，条件是第二年必须回来受死。没想到第二年这些人居然真的一个不少地回来伏法了。这则史料不难看出唐太宗慈悲在心，全国只有390名死刑犯本就足以说明他治国之贤德，还给出一年时间将其全部释放回家与家人诀别，使其尽人伦之情、赡养之道，实在令人感动。

我们常听佛陀僧侣念到慈悲为怀，此意修行者的本真就在慈悲。人生在世，无论何时何地，居于何种位置，谁人不应是修行者？《涅槃经》卷十四云：“一切声闻、缘觉、菩萨、诸佛如来，所有善根，慈为根本。”其实，若我们去翻看所谓的佛教三藏十二部经典，皆以慈悲为根本。而慈悲的含义就是慈爱众生并给予快乐。我想，把“人”放在吾心，把人的悲欢离合挂在吾心，即是慈爱众生，既然众生皆有，又何况是一介死囚？自然，唐太宗是做到了的。

有人曾忧心忡忡地提出，如果有一个暴君，我们起码可以起来推翻他；如果遍地是暴民，我们该怎么办？

有一件事曾引起很多人的反思，就是利比亚前最高领导人卡扎菲被虐杀一事。这个控制了利比亚42年的古怪领袖，曾在他随身携带的帐篷里用铁腕手段巩固他的政权，也有许多有关他的恐怖主义、血腥镇压等劣迹的传言，说他是暴君未尝不可。可是在他被推翻后，当他从家乡的水泥水管中被过渡委士兵发现，像只老鼠一样被堵在阴沟里，求人们放他一条生路时，他就不再是一个独裁者，而是一个俘虏。国际法名著《奥本海国际法》明确指出，“战俘在任何时候都必须受人道的待遇，这是一条基本原则”。《世界人权宣言》（1948年）第三条规定：“人人有权享有生命、自由与人身安全。”作为战俘，从卡扎菲放下武器停止战斗的那一刻起，他就享有人类的基本人权。

可是通过各种报道我们看到，一群身着各式各样服装，手持各式各样武器的军人，他们在愤怒地撕扯、拖拉、拳打、脚踢、枪指卡扎菲，有各种各样的叫嚷声和哀求声，然后是杂乱的枪声，然后白发苍苍的卡扎菲就满身是血，尸横尘埃；最后，上身赤裸的卡扎菲尸体先是被游街示众，然后躺在米苏拉塔一间蔬菜市场的冷藏室里供人参观。参观的人很多，排了很长很长的队，参观者个个笑逐颜开，甚至有美女身着盛装前往，还有不少参观者带着相机，将死者拍照留存，以资纪念。

看到这个场景，我们不禁要问，革命究竟是以仁慈代替残暴？还以是残暴代替残暴？那些在卡扎菲身上宣泄愤怒的人，还有那些无聊的围观者，到底抱着什么样的心理？曾在网络上积极为利比亚宣传的利比亚大学毕业生阿卜杜勒·萨拉姆说：“他们推翻了卡扎菲政权，但卡扎菲的文化、卡扎菲的心态仍然存在于他们的思想之中。”这些反抗者，用反人权反法制的方式对卡扎菲反人权反法制的暴行进行宣判，这不啻为一种“讽刺”。对此，有媒体曾提出历史性的质问：以卡扎菲之行还治卡扎菲之道，也许不过是一场换汤不换药的朝代更替，历史轮回。

我不由想到鲁迅《野草》集中《复仇》一文，写两人“裸着全身，捏着利刃，对立于广漠的旷野之上”，引来了无数看客，“路人们从四面奔来，密密层层地，如槐蚕爬上墙壁，如马蚁要扛鲞头。衣服都漂亮，手倒空的。然而从四面奔来，而且拼命地伸长脖子，要赏鉴这拥抱或杀戮。他们已经预觉着事后自己的舌上的汗或血的鲜味。”我想，如果鲁迅所写的这次对立真的见于鲜血的话，最残暴的一定不是对立的两人，而是那些兴趣盎然的看客。

要知道，我们也有过遍地暴民的历史，以史为鉴，如果人人心怀愤怒或冷漠，那么愤怒与冷漠则无休无止。如果人人常存慈悲，不为暴君，不做暴民，那么善行无疆。

夜里要有光亮的人

夜，太黑了。

在商纣时代，在春秋战国时代，在王莽时代，在五胡乱华时代，在唐、在宋、在元，在那些冷兵器随意洞穿温热的身体的时代，长夜漫漫啊！中国那些善良的心，如何为苍生哭泣？如何用文字的悲歌缝合一个又一个民族的创伤？

连曹操这样宁负天下的枭雄也感叹“白骨露于野，千里无鸡鸣”（曹操《蒿里行》），更何况是卑微无力却又浸润着儒家家国天下这样精神根基的落魄文人。诗人冯至在其《杜甫传》中呈现了悲悯天下、心忧苍生的极致慈悲，他写道：安史之乱中的杜甫转北渡过渭水，到了奉先，一进家门便听见一片号啕的声音，原来他未满周岁的幼儿刚刚饿死。邻居们觉得可怜，做父亲的哪能不悲哀呢？但杜甫的悲哀并不停滞在这上边，他想，他自己还享有特权，既不纳租税，也不服兵役，如今世界上不知有多少穷苦无归与长年远戍的人，他们身受的痛苦不知比自己的要多多少倍！想到这里，他的忧愁已经漫过终南山，弥漫天下了。

有时候，杜甫这种菩萨低眉式的浩荡之心，所怀不只在天下之人，甚至会弥漫到其他一切生灵。他写《过津口》：“白鱼困密网，黄鸟喧嘉音。物微限通塞，恻隐仁者心。”为网中白鱼而动恻隐，而在舟行水上的时候见水中乳鸭，宿雨即降，不觉写“翅开遭宿雨，力小困沧波。客散层城暮，狐狸奈若何。”担心这些鹅黄小鸭被困沧波会招来狐狸的觊觎。这样细腻的关心，谁曾想是发自一个自顾尚且不暇的诗人？

由此，我相信一个诗人，就像杜甫，心中关注的世界决定着他诗歌创作的广度与深度。厚重的杜诗，沉郁的杜诗，绝不仅仅是那个瘦弱而流离诗人的个体命运所能支撑的，绝对是无数生命的病症与痛苦汇集而成。

有时候我还会觉得杜甫才是真正的硬汉，在这一点上甚至要超过陶渊明。因为杜甫见悲剧而不躲，直着一双眼硬是要把眼前的各种破碎看透看明白，而隐者陶渊明多少有些回避的意味了，正如“君子远庖厨”，慈悲也是有的，可终于少了些胆气。杜甫的伟大也正在此，同陶渊明同时的那些魏晋之交的名士，个体生命的极度张扬和释放是有了，可那种被生活打在地上还要拥抱仁心的勇毅，相比杜氏则稍逊了。

像杜甫这样的诗人，在人性极度脆弱的时代，以方寸之心烛照黑暗弥散的世界。

还有一个人就是李后主。这人间帝王，在度过人生佳境坠入困顿后，词意超拔，赢得了王国维“后主则俨有释迦基督担荷人类罪恶之意”这样的评价。

的确，大凡作为文人，写诗作文的心灵必是慈悲且细腻的，只有这样才能做出感动的文字来。

民国时候，刘文典教学生写文章，仅授以“观世音菩萨”五字。“观，乃是多多观察生活；世，就是要明白世故人情；音，就是文章要讲究音韵；菩萨，就是救苦救难、关爱众生的菩萨心肠。”这最后一喻说的就是文章的思想内容，人生悲喜剧，如不抱着同情相通的心情看，怎能尝得到底、味得够深？

以“禅思散文”见称海内的林清玄，所抱的写作之思也是一颗慈悲之心。他在人心日益浮躁、情感日益冷漠的时代始终坚持以柔软心看世界，他说：“我写的每一个字、每一篇文章都洋溢着柔软心的香味；我的每一个行为都有如莲花的花瓣，温柔而伸展。”看他的人生自述，不难发现慈悲对他心灵的引导。他曾讲他年轻时的一段遭遇：相恋五年的初恋情人向林清玄提出了分手，几天后，他的头发和眉毛都急得掉光了，他选择了一个很唯美的寻死计划，他来到花莲海边，想穿着白衣跳入大海融进晚霞。但他发现海边最美的亭子里有个和尚在念佛，于是他想两小时后再来壮烈优美地自杀。不料两小时后，他发现亭子里又换了几位和尚。一天下来，他认识了几位和尚，却自杀未遂。他找和尚一打听才知道，原来这里常有人自杀，和尚们便自愿来值班，不再想自杀的人很多便当了和尚。“怪不得这里有这么年轻的和尚。”林清玄发现这个秘密后很高兴，“我不想出家，于是又回到了台北的家。”1985年初，林清玄正式成为佛教徒，背依阳明山，隐居了两年，潜泳于浩大的佛教经典中，然而，“他决不是一个佛教徒，他强烈的入世精神使他无法斩断情网，清净六根，热爱乡土关怀社会之情时时溢于笔端。”从此，林清玄将佛教的智慧潜移默化，融于他的气息和血脉，成为他观照世界万物和人生世相的凭借和指南，而他的散文创作也进入另一番境界。

林清玄终不在佛门，却得禅思境界，可见，慈悲心的门槛也并不在佛门，而在人心有善。

又好比一则浅近的寓言，说一人购了宅院请风水大师踏勘，将行至后院时，发现有鸟飞起，那人不走了，说后院种着果树，有鸟惊飞必是有小孩子在偷果子，咱们若进去，吓到孩子从树上掉下来就不好了。风水大师冲那人拱手道：此宅我不必看了，您在之处，都是吉地。善良是最大的风水。

真是“好故事必有神通处”。

能体察他人者必有良善处，此人则可发现诸美与善恶。比如今天的都市，所谓“乞丐”遍地，俨然成为谋生的一门手艺，发现自己的善心被骗之后，我们往往大加挞伐，发一通人心世道的宏论。林清玄也遇到过这类现象，但他的视角与我们不同，这篇文章就叫《假乞丐》，写他在市场里，经常看见一个乞丐，“他坐在轮椅上，腰部以下覆盖一块脏污的毛巾，上半身歪斜，松软地瘫在椅子上，表情哀伤而茫然。”林清玄看到很多人给他布施。可是到了中午，“我穿过市场，看见一个眼熟的人站在西瓜摊旁吃便当，和卖西瓜的人有说有笑。我心里一惊：这个人怎么长得如此面熟，难道会是我的朋友？”“原来是坐在轮椅上的那个乞丐！”最初林清玄也有被欺骗之感，可是后来他的心终归平静，他说：“我想到一个好好的青年，要整天歪斜，伪装瘫痪，是多么辛苦的事，而且他哀伤茫然的表情表演得多么传神，胜过一般的演员。”“他不是乞丐，他是街头艺人，他表演瘫痪、哀伤与茫然，我看了感动，自然就赏钱了，还有什么可懊恼的！”

你看，这是心眼多么温和的人。

附：名家名作主题研究示例（三）

佛在凡尘

——兼论佛教文化与鲁迅的《野草》

佛教自传入中土以来，历来给大家的感觉是一种虚妄的，超脱的，静观和看透的心灵境界。既然佛法无边，无慧能的人又难以参透，那么佛及其因此而存在的佛教文化从本质上是与尘世对立的。很显然，这种看法是有失偏颇的，在这里我又将佛教与中国现代的文化圣人鲁迅联系起来，但愿能在这种“偏颇”中找出合情合理的东西来。

有一句很通俗的佛心慧语被人们常挂在嘴上，即“一念放下，万般自在。”很显然，鲁迅是个“放不下”的人，一生面临现实种种，俨然一副铁血战士的模样，他的内心恐怕也极难宁静，甚至在其临死时也不忘留给世人一句“一个都不宽恕”（《死》）。那么，鲁迅与佛教与佛教文化这种不兼容的外表下，具有着怎样的佛陀世容呢？接下来，笔者将以鲁迅散文集《野草》为例，去深入鲁迅的内心世界，看看这位深陷凡尘的大佛如何在济世救人。

一、无法出逃

佛教的创始人释迦摩尼佛本为世俗王子，但在青年时面临着人生种种悲欢离合、人世苦难的无法理解和解救，才一心参悟，渴求普度众生，因此才有了佛教的诞生。而在鲁迅，显然与之有很大的共通性。少年立志学医的他，意在强壮弱国国民的身体，但现实的黑暗与人性柔弱的一面使他毅然走上从文的道路，希望能以一支战斗的笔表达一个爱国青年的容世之心，救助更多的人从恶中转变。所以，鲁迅与释迦摩尼的心路求索在本质上是殊途同归的，只不过面对人生苦难选择以不同的方式救世渡人。

但鲁迅虽常怀佛心，未必就能超脱凡尘。他生存的时代背景是黑暗与光明交错的，是绝望与希望共存的，仅凭手中之笔、赤血之心，无法避免被现实困住，难以出逃。正如他在《野草》英文译本序中写道“大半是废弛的地狱边缘的惨白小花，当然不会美丽。”还有另一部散文集《朝花夕拾》的小引也道出了同样的心情，“我常想在纷扰中寻出一点闲静来，然而委实不容易。目前是这么离奇，心理是这么芜杂。一个人做到只剩下回忆的时候，生涯大概总要算是无聊了罢，但有时竟会连回忆也没有。”

可以看出，鲁迅在纷繁的世俗中常常陷入肉体和精神上的困境。

“假如一间铁屋子，是绝无窗户而万难破毁的，里面有许多熟睡的人们，不久都要闷死了，然而是从昏睡入死灭，并不感到就死的悲哀。现在你大嚷起来，惊起了较为清醒的几个人……”（《呐喊·自序》）。鲁迅正是这最先醒来的并“大嚷起来”的人，但他同时使自己陷入了一个为难的境地，究竟如何打破这铁屋子，救己与救人就将是他一生的战斗。

所以，鲁迅也像佛陀一样曾在世俗面前面临着无法出逃的尴尬局面。

二、愤怒与归心

《野草》写于1924年9月至1929年6月，是鲁迅先生唯一的一部散文诗集，共收作品二十三篇。正如他所说的，“地狱边沿的惨白小花”却有着不可遏制的生命张力和对愤怒情绪的爆发性书写。《野草·题辞》中，明确指出了这本书是“献于友与仇、人与兽、爱者与不爱者之前作证的”，以及表达对“将烧尽一切野草，以及乔木，并且无可腐朽”的等待。这是毁灭一切又希望新生一切的愤怒，读者真的就在这其中感受着生与死、痛与恨、灭亡与新生的纠葛。

但是，请放下这一切愤怒，鲁迅需要我们带着佛陀的宗教情怀，在诗情妙语中悟得真美和大爱。

首先我们来看一看凡尘之佛鲁迅是如何在愤怒之中归心的。刘勰说，“心生而言立，言立而文明，自然之道也。”鲁迅之作《野草》以及其他的一切文章，显然是在这种“心生”之中“言立”的，他来得并非那么艰难，而是“自然知道”。

关于佛经中对“心”的阐释历来是很多的，如《华严经》中有“菩萨清凉月，常游毕竟空。众生心垢净，菩提影现中”；《大制度论》有“若诸法实有，不应以心识知故有，若以心识知故有，是则非有”；《佛说阿弥陀经》“闻是音者，自然皆生念佛、念法、念僧之心”；《法华经》“若人散乱心，入于塔庙中，一念南无佛，皆共成佛道”；《佛说梵网经》“而菩萨以恶心、嗔心，乃至不施一钱、一针、一草”；等等，不可胜举。而从本意上来说，佛就是“觉者”，“一个觉悟的人”，这觉从何而来？皆始于心，因为一切恶皆起于“失心”，如果能摒除一切贪、嗔、痴、念之心，便是一个自觉、觉他、觉行圆满的人。佛法的传播也讲究心法、心悟、心觉，有名的“佛祖拈花，迦叶微笑”的故事，正是在说明于此。找回内心的宁静，悟性是每个人的心，只有自己才是主宰。

而将佛心与鲁迅的《野草》比较起来，我们不难找出其中的联系。据统计，《野草》二十三篇，“心”“精神”“灵魂”等用得最多，其中《死后》六见、《这样的战士》五见、《一觉》五见，出现频率之高为其他作品所鲜见。《影的告别》说“我愿意只是空虚，绝不占你的心地”，《求乞者》说“我不布施，我无布施心，但我居布施者之上，给予烦腻、疑心、憎恶”。《希望》则反复在告白“我的心分外的寂寞”，“然而我的心很平安”，“我的心也曾充满过血腥的歌声”，单是“心”字在《风筝》一篇里也总共出现了六次，这些都不能不说明鲁迅对于“归心”的看重和自我锤炼。

鲁迅在世俗社会中，就是这样将“先闻其白心”作为自己的应世法则，体现在文学创作上才那么容易深入读者的内心。当代著名鲁研家郜元宝说，“鲁迅的‘心学’和他的‘文学’一同开始，‘心学’就是‘文学’”。又如“《文化偏至论》《摩罗诗力说》《破恶声论》三篇大文，基本概念都不是‘非人’，而是‘心’”，“主张一切文化，根柢在‘自性’‘自心’，余兼‘末’与‘荣华’，因此文化上的危机本质上是‘心’的危机……文化改造，根本就是‘心’的改造。”（《鲁迅六讲》）郜元宝的这一番话正是恰如其分地将鲁迅以心救人渡人的人生追求明白地表达出来，这里所谈的“心学”虽然同晚明以来的儒家哲学不无关系，但由于佛教文化与儒家文化的几千年的融合发展，使鲁迅在“文学”与“心学”的结合上，时时体现出佛子的境界。

此外，鲁迅对于佛家心的宁静的寻求，也可以在《野草》之外的材料中找到辅证的。比如1926年，鲁迅从北京出逃避居厦门，面对弥天大夜，他感到“沉静下去了。寂静浓到如烈酒，令人微熏。望后山外骨立的乱山中的许多白点，是丛冢；一粒深黄色火，是南普陀寺的琉璃灯。前面则海天微茫，黑絮一般的夜简直似乎要扑到心坎里。我靠了石栏远眺，听得自己的心音”（《三闲集·怎么写·夜记之一》）。仅这段文字就有“沉静”“丛冢”“海”“寺”“心音”等佛家中常有的词，它们与生死、与人生顿悟、与境界结合在一起，是鲁迅一生中血脉间俯拾皆是的内在韵律。

《野草·墓碣文》“抉心自食，欲知本味”，这“本味”怕与《野草》与鲁迅的佛陀文化是一样要归于心的。

三、自在超脱与现世悲悯

前面说到了鲁迅的归心，在心的超脱中才能在“我与你”“我与非我”之间保持距离，冷眼静观一切的恩仇、爱怨、炎凉、异同等关系。因此鲁迅要看透现世，要对国民性、人性的悲凉与恶有根本性的认识，首先必须超然之上，然后再渗入到自己的文学创作，用悲悯的情怀渡人出苦海。

这就要涉及佛教文化的一个关键词：悟。

“悟”本非佛教原创，但却在中国佛教哲学中被广泛使用，尤其在禅宗中它更成为一种认识方式和修行行为。悟成了禅宗的灵魂，顿悟成佛，成了禅宗追求的目标。而在中国古代这种“悟”便成为中国文学家进行文学创作的一种美学追求和原则。如柳宗元的“独钓寒江雪”、“欸乃一声山水绿”，如苏轼的“人生到处知何似，恰如飞鸿踏雪泥”，往往不是沉溺于人生的悲喜无常，自然物事也未必都突出什么特色，所体现出的则都是一种禅趣，一种对人生的彻悟。

《野草》中有一篇《在淡淡的血痕中》，其实是与另外一篇《纪念刘和珍君》相对照的。在后一篇中，是鲁迅对敌人愤怒、直白的痛斥，而在前一篇作者却超然了，屹立与事件之外，正视一切“深广和久远的苦痛，……深知一切已死、方生、将生和未生”。这里的方生、将生和未生正是佛经中所说的“沙门瞿昙恒说三世，云何为三？所谓过去、将来、现在”。这种对事件本身的提炼将文学与宗教结合起来，散发出浓厚的禅意。因此，鲁迅的“悟”是可以以此为鉴的。

当然，值得一提的是，鲁迅由悟而超脱并非远离人间了。

佛家是主张不即不离的，《圆觉经》提倡“不即不离，无缚无脱”。鲁迅在这种不即不离中也表达出对现世的悲悯情怀和大爱。正如佛祖的割肉喂鹰、以身饲虎一样，他一生饱受内心和外在的煎熬，绝望与希望、诟骂与嘲讽，仍然坚持着自己的救世、救人及救心之路。像《野草》中的《风筝》《好的故事》《颓败线的颤动》《过客》，还有首篇的《秋叶》等实际上都隐含着鲁迅对人类的巨大同情和忧虑，进而有了许多形而上的思考，“如梦幻泡影，如露亦如电”在思维和语词的闪烁间是一句句如佛陀的偈语。

四、圆寂者

佛说“圆满诸德，寂灭诸恶”，佛陀之死为收迷界之化用而入悟界，既已圆满诸德，寂灭诸恶，故称圆寂，后世转而称僧徒之死。这是对得道高僧“悟”的境界的一个最终定论。而鲁迅毕竟非僧非佛，1936年10月19日的离世却宣告了一个在中国大地上最有修为、最为看透的凡尘之佛的圆寂。毛泽东曾这样评价鲁迅，“鲁迅在中国的价值，据我看要算是中国的第一等圣人。孔夫子是封建社会的圣人，鲁迅则是现代中国的圣人。”这“圣人”带走的太多，留下的也太多，当一代代中国人面临民族的困境时，鲁迅同他的作品一起如佛陀箴言引导迷茫的人群。

鲁迅在《野草·影的告别》留下话：

有我所不乐意的在天堂里，我不愿去；有我所不乐意的在地狱里，我不愿去；有我所不乐意的在你们将来的黄金世界里，我不愿去。

然而你就是我所不乐意的。

朋友，我不想跟随你了，我不愿住。

我不愿意！

可惜鲁迅并未如影随逝，你在何处？这样的疑惑永远在告知人们，有太多的人愿意随你而去！

美

我想说，没有美是多么可怕的事情。

台湾的蒋勋先生讲到自己的一段感受：“一九七六年我回到台湾，朋友有时候聚在一起，我们聊到谁又有了外遇，讲很多八卦，讲到一些现实生活里面不快乐的事情。然后我就想到来学学这件事，我跟大家说我最近读了一本诗，念首诗给大家听，奇怪的那个反应是‘你别来了好不好？’让我觉得奇怪，在一个社会里头，读诗是会被嘲笑的事情，但是讲八卦就不会被嘲笑，争吵没有被嘲笑，所以最暴力最毒骂的语言不会被嘲笑。我害怕这件事情，开始害怕打开电视的时候，看到所有的语言都变得那么粗暴，每一个阶层的语言都变得粗暴。我相信这些曾经是如此美丽的语言，不管是客语台语国语普通话、英语或法语都是美丽的语言。”

的确，语言粗俗的背后，必然是美感能力的极度退化。

初春的距离

少年的印象中为一种鲜艳的颜色所触动的是叶绍翁的“一枝红杏出墙来”，因为总觉得这样的美离我很近，好像就在自家院子里一样，尽管我家并没有过这样的景致。那时节，我或许并不知这句子的其他关乎人生境界的象征，单就是觉着亲切，觉着美，那一朵蓬勃的花束伸过少年虚设在脑海中的篱墙，照亮了蒙昧平淡的日子。

现在来看，叶绍翁最懂半开半醉的美。所幸了那久叩不开的柴扉，才把满院繁华留在肆意的想象中，就像核聚变一样，会一波一波蔓延开来，扫荡所有迟钝的意识。

后来又读了另外的一首诗，现代的，是金克木的《邻女》。诗是这样写的：

愿我永做你的邻人。
啊，祝福我们中间的这垛墙。
愿意每天听着你的格格的笑声。
愿意每天数着你的轻快的脚步。
愿意每天得你代我念一章书。
这垛墙遮住了我的痛苦和你的幸福。

很显然，这起于诗人的单相思，在墙的一头想尽了邻女的美好，笑声、脚步、读书声，真是声声入耳，而邻女对这丝丝牵动浑然不觉，所以诗人说“我的痛苦和你的幸福”。人们追求生活，不过是追求欲望的满足，以此来消减“垂涎”他物的苦痛。但诗人后面的话让人意外：

最好我忘了自己而你忘了我，
最好我们中间有高墙一垛。

愿我永在墙这边望着你，

啊，愿我永做你的邻人。

这真是感人的意外。金克木本身就是学界的异类，若论学历不过小学毕业，却凭着自学精通多国语言，包括繁难的梵语和拉丁语，最终在中国学术界开山立派，成为梵语文学、印度文化、中外文化交流史、佛学、美学、比较文学、翻译等多方面的权威。关于这首诗，多说是写诗人的失恋，我却不以为，诗人恰到好处地拿拈着青春美事，恋在未生成，你看“最好我们中间有高墙一垛”，人生初春，莫若渴望的不可得，青春的那点失神、忧郁和伤感不都在这个点上吗?

距离产生美，美若这“初春的距离”。

人的愿望都是“美梦成真”，殊不知，这梦一旦成真，或许也就不美了。

话说作家沈从文曾被人赞为“情书圣手”，借由这一手好的文字，追到了令他“甘为其奴”的张兆和。可是从当事人的文字记录来看，婚后的生活也与众人的不幸一样，被现实摧折和磨损。比如北平失陷后，沈从文与几位知识分子化装南逃，留下张兆和带着两个孩子在北平。张兆和与孩子生活很紧张，沈从文在西南一样紧张，经常借钱。张兆和总在信中责备沈从文，说他过去生活太奢侈，弄得现在太紧张。沈从文则认为，张兆和有多次离开北京去与他相会的机会，但她总是故意错过。他怀疑张兆和不爱他，不愿意与他一起生活，故设法避开他。而多年后张兆和写于1995年的沈从文文稿的《后记》中也确能佐证他们二人感情上不能和谐的看法："从文与我相处，这一生，究竟是幸福还是不幸？得不到回答。我不理解他，不完全理解他。后来逐渐有了些理解，但是，真正懂得他的为人，懂得他一生承受的重压，是在整理编选他遗稿的现在。过去不知道的，现在知道了；过去不明白的，现在明白了。""……太晚了！为什么在他有生之年，不能发掘他，理解他，从各方面去帮助他，反而有那么多的矛盾得不到解决！悔之晚矣。"

可以看到，这段旁人艳羡的佳偶天成也有诸般琐碎和难堪。也有学者认为，沈张二人的婚姻，或者说他们生活仅存的浪漫与美，得益于那总是隔着山山水水的信函，总以文字的艺术魅力润泽生活的裂痕，使他们在这样的距离与艺术修饰中化解了局部矛盾。所以，相较生活中的沈从文，张兆和或许更爱文字中的沈从文。（据说，沈从文曾问过张兆和："你到底是爱我给你写的信，还是爱我这个人？"我觉得，这到底是沈不必较真的事。）

张爱玲看这问题看得明白，所以她写道："也许每一个男子全都有过这样的两个女人，至少两个：娶了红玫瑰，久而久之，红的变了墙上的一抹蚊子血，白的还是'床前明月光'；娶了白玫瑰，白的便是衣服上的一粒饭粘子，红的却是心口上的一颗朱砂痣。"（《红玫瑰与白玫瑰》）

所以，在沈从文那里，文字中脑海中的张兆和与生活面对的张兆和是不一样的，不信，你看沈从文的信语："我一辈子走过许多地方的路，行过许多地方的桥，看过许多次数的云，喝过许多种类的酒，却只爱过一个正当最好年龄的人。"（《从文家书》）这美的距离，能化解多少事，感动多少人！

人生尚需美梦

浮生若梦，既是梦，何不求美一些？

美，是能令人心惊的。汤显祖《牡丹亭》第十出《惊梦》估计也就是这般意思。他写杜丽娘，养在深闺，不知春情，言道“不到园林，怎知春色如许！”恰有一日，游园惊梦，才知“原来姹紫嫣红开遍”，满眼的“朝飞暮卷，云霞翠轩；雨丝风片，烟波画船”，由是青春好梦就这样做起来了，有了如花美眷、似水流年的幽闺自怜。于是开始了她的做梦，寻梦，梦郎，梦情，为爱而生，因爱而死，整一出戏都是如梦如幻的人生美梦。

好梦不是让人破碎的。杜丽娘梦中获得的爱情，更加深了她对幸福生活的渴求，她要把梦境变成现实，“寻梦”正是她反抗性格的进一步发展。幻梦中的美景，现实里难寻。可是你看，美梦力量多么强大，正因梦境不可得，理想不能遂，她因此而死，可就是死后的游魂也要与情郎柳梦梅相会，最后依然是靠梦来击碎现实，死而复生，成就一段姻缘。还是汤显祖说得好：“情不知所起，一往而深，生者可以死，死可以生。生而不可与死，死而不可复生者，皆非情之至也。”

没有梦，也当真可怕。我们为什么觉得少年时代是最值怀念的？因为我们只有在那样的时代才好用梦装饰我们的生命，而经梦修饰的人生无疑是美的。

学生时代读过曹文轩的一部小说《根鸟》，这小说安抚过好些好做梦的少年。

故事大概讲的是一个叫紫烟的少女到悬崖上采花，掉进了峡谷。她出现在一个叫根鸟的十四岁少年的梦里。于是根鸟出发了，去寻找自己的梦。若从这个角度上看这个小说，固然也有追梦人生的隐喻，但是更让我触动的是，根鸟在去青塔的途中，遇上了追寻逝去的梦的老人——板金先生。板金先生的家族得了一种超级奇怪的毛病，凡是这个家族的男子，一到十八岁，便突然不能做梦。板金先生为了追随梦，一直向西走。

毋庸置疑，曹文轩在这个年龄设置上别具匠心，十八岁，正是一个人成年的时候，自此将从父母老师的庇荫下直面社会，在滚滚红尘中摸爬滚打一番后，或世故了，或老成了，或心思深重了，或悲凉厌倦了，唯独没有梦了，有时候甚至会以世事洞明的姿态批评一个成年人有一个美梦是可笑的。这话不假，我相信曹文轩先生写的绝不是一个童话，而是人们可悲可憾的事实。在这个日益物质化的消费社会，金钱和欲望填满了梦的天空，有多少人还会拥有如此纯净诗化的梦，又有多少人会为此去千里跋涉、万里苦旅？

梦存在的意义不一定是实现，而是健全生命本就应该存在的那一个部分。正如我们看到美的东西会赞叹会艳羡一样，因为那是现实中摸爬滚打的你突然感知到自己生命中缺失的那一部分。比如我们读李白的“仰天大笑出门去，我辈岂是蓬蒿人”（《南陵别儿童入京》）会不由自主惊心：这是多么潇洒的一个人呀！为什么会有这样的惊叹，因为李白的这一点性格其实是你生命中梦想而现实中又缺失了的那一部分，因为对大部分人来说，现实中总是活得太卑微了，一个工作敢随便辞掉吗？不敢！因为你还有父母妻儿，还有名利的诉求，于是你生活在无尽顾忌中，可是历史上的李白能，于是你羡慕佩服他。可能你会说，这不是更让人痛苦吗？还不如没有这回事的好！这样，那你就真的麻木了，因为你将连生命中最后一丝轻盈都失去了，剩下的就只有沉重了。请问，你要过哪一种生活呢？

前段时间，一个女同事在朋友圈分享了几张自己的书法作品，有她自己写的扇面，还有抄写的佛经等等，那些娟秀工整的字迹，就让我觉得很美，也很羡慕。也许内行会说，这还算不上上等的书法艺术，可是又有什么关系呢？闲暇时的这份心总是难得的，敢问诸多世人，你闲暇时都干了什么呢？

我们最常听到的就是理直气壮的否定：你这有什么用！这话太暴力了，不仅是语言的粗暴，还是对生命本身的粗暴。现实生活中我们讲了太多的实用，正如眉山的刘小川批评的："情感讲实用，良知讲实用，艺术讲实用，读书讲实用……结果是：作为人之为人的几项标志空前萎缩。到头来，生存诸环节的美好的东西灰飞烟灭，实用讲来讲去，既伤人又伤己。真到那一天，人们蓦然回首会发现，'实用'这东西最不实用。实用酿成了无数的悲剧。"（《品中国文人4》）

我非常赞同庄子"无用之用"的观点，当弟子都细数一棵巨树如何如何无用时，他说："此树因不材而得以终其天年，岂不是无用之用，无为而于己有为？"（《庄子·人间世篇》）对人而言无用，对树而言却可存身，不亦善哉？庄子令人佩服的地方就在于他总是能巧妙地把握生命虚实之间的平衡，美梦也正如此，看似无用，实乃大用。

生命要有那点儿意思

你且细心读下面这段文字。

> 春天是破晓的时候（最好）。渐渐发白的山顶，有点亮了起来，紫色的云彩微细的横在那里（这是很有意思的）。
>
> 夏天是夜里（最好）。有月亮的时候，这是不必说了，就是暗夜，有萤火到处飞着（也是很有趣味的）。那时候，连下雨也有意思。
>
> 秋天是傍晚（最好）。夕阳很辉煌的照着，到了很接近了山边的时候，乌鸦都要归巢去了，便三只一起，四只或两只一起的飞着，这也是很有意思的。而且更有大雁排成行列的飞去，随后变得看去很小了，也是有趣。到了日没以后，风的声响以及虫类的鸣声，也都是有意思的。
>
> 冬天是早晨（最好）。在下了雪的时候可以不必说了，有时只是雪白的下了霜，或者就是没有霜雪也觉得很冷的天气，赶快的生起火来，拿了炭到处分送，很有点冬天的模样。但是到了中午暖了起来，寒气减退了，所有地炉以及火盆里的火，（都因为没有人管了）以至容易变了白色的灰，这是不大对的。

这几段风景，是出自日本平安时代著名的歌人、作家清少纳言的《枕草子》第一段“四时的情趣”。最有意思的就是清少纳言这几个段落中不断出现的“有意思”三个字，为什么这三个字很重要？因为这是一个作家美的生活态度，其实也是所有人该有的美的生活态度。如果当你发现一个人老是喋喋不休地说着“没意思”时，说明他已经暮气沉沉，已经缺乏活力，已经没有生活的创造力了。清少纳言是个“有意思”的人，所以她能发现四时的情趣和美。

而好的生命，要有那点儿意思，在于细腻和慢，这细腻和慢中则能见出美。

大学时，学习写东西，可是学东家学西家，总是窥不到门径。于是，常常“独上高楼”，跑到文科楼的顶层“咬笔头”。然而贫乏的生命经验还不足以支撑我的小小的“野心”，常常一个字也写不出。可就是这样天天“独上高楼”，有一天我突然意识到，从走廊上到文科楼一共要走三十二级阶梯，我来来回回边走边数了好几次，忽然灵感一来，原来我愁苦的无经验，原来我天天“独上高楼”的寻觅，正在成为一种经验，这“三十二级阶梯”不就成了一个做着文学美梦的文科生的桥梁吗？于是我写了一篇文章，篇名就叫《三十二级阶梯》，后来竟也在校刊发表了。

我说这个，想表达的就是我们总是冲着终点赶路，经验和美其实就在途中，只要你慢一点，细腻一点，美，一定会被唤起。

比如去年我教高三学生的课，要高考了，忙得昏天黑地，忙着备课上课，忙着辅导学生，忙着吃饭，忙着睡觉休息……那段时间，我和我的学生的生命都是百草枯黄的单调，乏味得很。有一天，一个同事发了一张图片，内容就是一个红番茄在餐桌上，背景是淡淡的黎明的微光，下面配着文字：我的早餐。忽然觉得，这就是生活的静谧和安稳，这就是美的生活，何求太多呢？

有一年，跟一个男同事聊天，不知怎么就聊到《红楼梦》，大约他读过一些，很有些谈兴。当我们谈到黛玉葬花的时候，他说：“黛玉这个人确实有病，花儿掉了就掉了，还要哭哭啼啼去埋葬掉，正常人不会这么干！”听他一讲，我虽然嘴上应和着，心里颇有些惊愕，原来“正常人”是这样想的。可是稍有文学修养的人都知道，无论是《红楼梦》原著还是影视剧，都把这个片段处理得极美。为什么呢？因为，艺术的细腻同样是生命的细腻。如果我们翻检一下中国浩如烟海的典籍，有很多写落花、悲落花的诗文，都是病吗？恐怕不是，还有生命的共鸣和同感。花的生命说到底也是人的生命，都是绚烂至极而后荼蘼凋零。林黛玉之所以“葬花”就在于她从落花身上看到了自己，她心中生出的不是病，而是“同情”，情之相通也，故而才有了人的不忍之心和悲悯之心。

作家曹文轩说道：“浪漫主义者最大的能耐就在于他们可以通过他们那双多情的目光，将一切在我们这些庸常之人看来并无审美价值的物象看出美来。”（曹文轩《小说门》）比如“残花败柳”这个词有着不好的比喻，世人却不知“疏柳渐衰清意远”，也难解“红衰翠减愁煞人”。在那些个敏锐细腻的心中，记得落花点点，枯叶浅浅，满园皆黯然是怎样的凄美，也同感李清照的满地黄花堆积的悲凉。说到李清照最是感人，倒不是她的爱情婚姻，而是那句“试问卷帘人，却道海棠依旧”。我想，正是有了这份细腻的牵挂与观照，才会有李清照。更有意思的是苏轼，单凭“只恐夜深花睡去，故烧高烛照红妆”这个句子就足以说明苏轼也是个爱美的痴人。

当然，斯美不远人。大家应该都有这样的经验，春天里的一树繁花因风而落，铺满一地，你若走过，看到这一地缤纷、一地美丽的花朵，是否突然有一种不忍踩踏上去的心情？如果有，那就是美被唤醒了，因为面对美的东西，我们就有了慈悲。你想，佛祖慈悲为怀，不正是所见都是众生平等，众生的美吗？

还记得郁达夫《故都的秋》是这样写的："北国的槐树，也是一种能使人联想起秋来的点缀。象花而又不是花的那一种落蕊，早晨起来，会铺得满地。脚踏上去，声音也没有，气味也没有，只能感出一点点极微细极柔软的触觉。"我读到这句的时候，总觉得身临其境，自己脚上也有了"极微细极柔软的触觉"，而且心里也柔软了，好像生怕弄疼了什么。

这点细腻的感触，真好！

美是激情的耽溺

蒋勋先生说："每个人都有类似的感受，你一旦发现美、感觉到美的时候，你会耽溺，你会眷恋那种美。"比如白居易在《长恨歌》里写唐玄宗"春宵苦短日高起，从此君王不早朝"，其实就是耽溺，是对美的眷恋。过去很多人之所以批判这种耽溺，其实是从社会角色的角度来关注，尤其是唐玄宗这样的君王身份，但是如果他不是君王呢？只是一个普通的男子呢？几乎成年的健康男性在步入爱情或婚姻的时候，都会这种非常规、非理性的放纵。

李白也写"长得君王带笑看"，一个"长"字是时间的绵长，也是情感的绵长，就是"相看常不足，相见乃忘饥"（沈约之《六忆》）。美的现实就在眼前，你看"回眸一笑百媚生"，你看“侍儿扶起娇无力”，你再看“云鬓花颜金步摇”，从眉目到仪态再到神态，无不呈现美的本身。康德说过，审美的无目的的合目的性，审美就注目，在美的本身，是超越功利性的。历史现场的人们看到杨玉环首先看到的是美，然后才会用道德家的理性做一些矫枉过正的讽谏。这正如我们看到一只美丽的花朵，首先就是单纯觉得美，当有人告诉你这花有毒或者长在污浊之地，你才会带着另外一番眼光去看它。

而最纯粹的美，即在刹那，即在瞩目的瞬间，不劳道德的大驾。

据说毕加索在六十岁左右碰到安琪拉的时候，也是这种被美瞬间激发了情感。“碰到一个年轻的女孩，他一下子吓呆了，在超级市场像呆子一样跟着她跑，完全忘掉他自己不应该这么失态。男子在某一个年龄，他的身体感觉到她，因为身体的转换是非常明显的，而那个明显的转换，他想抓激情的东西。”

读到这则逸闻，我就还想讲讲我们中国的阮籍。

我多次给大家讲过，阮籍这个人大家知道，很怪的。母亲死了，不哭，照样与人下棋，没人的时候才哭到吐血。为了拒绝司马家的联姻可以大醉六十日，为了喝口酒又跑去做了阮步兵。当然在这里这些都不是我要谈的，我要说的是他和两个陌生女性的故事。《晋书·阮籍传》记载：“邻家少妇有美色，当垆沽酒。籍尝诣饮，醉，便卧其侧。籍既不自嫌，其夫察之，亦不疑也。兵家女有才色，未嫁而死。籍不识其父兄，径往哭之，尽哀而还。其外坦荡而内淳至，皆此类也。”

这在讲什么？在讲阮籍的真，这真不是装出来的，是“外坦荡而内淳至”，他喜欢美，亲近美，又不含丝毫猥亵的心思，坦坦荡荡内心淳美，这跟毕加索追着安琪拉跑是一样的。美丽的女子当垆沽酒，不是小家碧玉的羞涩，不是大家闺秀的典雅，是一份质朴、劳动与女性之美的结合，赏心悦目的对象，不赞美的话，即使不是虚伪，至少也不够诚实。阮籍有对美的耽溺，不仅去喝酒，还要醉倒在别人身旁。当垆沽酒本是卓文君的典故，各种记载都说她姿色娇美，精通音律。而之所以当垆沽酒会成为美谈，全在于这一行为使“姿色娇美，精通音律”的美更亲民、更接地气，不是高高在上、无可接近的，这不正同于阮籍眼里的酒家女吗？后来韦庄写《菩萨蛮》就借此写道：“垆边人似月，皓腕凝霜雪。”这是在审美写美，所以这个句子才美。

还有那个兵家女孩，极有才华又非常美丽，不幸还没有出嫁就死了。阮籍根本不认识他们，却径直跑到别人家去吊唁，大哭一场，以表哀思。为什么？因为他觉得可惜啊！对于女性，尤其是内外俱美的女性，古人常常挂在嘴上的一个词就是“红颜薄命”，可是红颜薄命是多么大的悲哀和遗憾啊！我们不可以说得没心没肺！爱美之心人皆有之，一个好好的女孩死掉了，阮籍觉得可惜遗憾，所以他要跑去哭了一场。对这件事的评价，余秋雨先生在《遥远的绝响》当中的一段文字直抵要津：“阮籍不会装假，毫无表演意识，他那天的滂沱泪雨全是真诚的。这眼泪，不是为亲情而洒，不是为冤案而流，只是献给一具美好而又速逝的生命。荒唐在于此，高贵也在于此。有了阮籍那一天的哭声，中国数千年来其他许多死去活来的哭声就显得太具体、太实在、也太自私了。终于有一个真正的男子汉像模像样地哭过了，没有其他任何理由，只为美丽，只为青春，只为异性，只为生命，哭得抽象又哭得淋漓尽致。依我看，男人之哭，至此尽矣。”

说到底，我们这一生中所流的眼泪大多都是因为美的不可得、美的消逝吧！

悲哀生出的花朵

读到龙应台的一篇文章，描述的是在湘江支流的涞河畔，沿河有一条弯弯曲曲的古街，老人坐在大门口闭着眼睛晒太阳，花猫从门槛里边探头出来喵喵叫。而在老人的身后就是一口棺材。（《生死课》）通常说来，老人晒着太阳，花猫相伴，很是恬静的田家生活，可是一想到“棺材”这样的东西，心里总有些黯淡的悲哀甚至恐惧。然而，想开了，却也发现，也许正是这一口棺材的存在，才述说着千百年来中国的百姓如何在一生风风雨雨的摸爬滚打中豁然洞明的，然后在生之将尽的时候，知晓生命无可避免的存在，变得淡然且从容。正如龙应台所言：“花开就是花落的预备，生命就是时序的完成。”若讳谈生死，怕终不得其美。也正如李叔同寂灭之时，写下的“悲欣交集”四字，是诚恳的自我观照，直面悲哀的。

因而，美，不在规避一切生命的难堪，而在明白一切应当如此，或正当如此。

而在艺术世界，最能揭示本质并形成张力的，往往是悲剧，是悲剧的灰色调或者血书的情感。美学的概念是德国哲学家鲍姆加登提出的，接着德国启蒙运动的杰出代表、思想家莱辛从美学哲学的角度，以《拉奥孔》群雕为案例对绘画与诗歌作出有关美的特性的辩论。群雕《拉奥孔》是表现人类痛苦情感和抗争意志的一曲千古绝唱，它描绘了拉奥孔父子三人被巨蟒死死束缚而奋力搏斗的情景，引起人们巨大的恐惧和无尽的怜悯；扭曲的人体所表现出人物垂死挣扎时的痛苦，大儿子在企图逃脱，被缠的小儿子窒息即将死去。在西方的美学和艺术史上，“拉奥孔”是很有名的，它出现在古希腊的神话和传说里，被描绘在荷马史诗中，作为西方的精神世界的食粮，成为很多西方的诗、绘画和雕塑的题材，进而也成为了美学和艺术上所探讨的话题。

其实《拉奥孔》群雕本身就在说明，悲剧之美是艺术强大的母题。

就拿文学来说，中国诗人王家新在《伦敦随笔》中写道：

在那里你无可阻止地看着她离去
为了从你的诗中
升起一场百年不遇的雪……

这几句真是道破了悲剧在艺术创作中的动力，一次别离就是艺术中那场“百年不遇的雪”。佛家讲七苦：贪、嗔、痴、怨憎会、爱别离、求不得、失荣乐，真真是生活的无奈和可悲。可是殊不知无奈和可悲的遭际反而支撑了古典文学宏大的山河，尤其是这“爱别离”，依然在一代一代的诗文韵脚中被书写和吟诵。

什么是悲剧美学？对很多文人来说，是一种奇怪的逻辑，即生活的不幸往往是艺术的幸运。要不杜甫的一句“文章憎命达”也不会安慰了无数身世坎壈的文人了。古人讲得失之道，这种道体现在辩证循环之中——失即是得，得即是失。貌似有某种诡辩的色调，却使人有了一种艺术取向：因失而悲，因悲而情有郁结。于是，人有了表达的冲动，便收获各种的“得”。

司马迁所言“人皆意有所郁结，不得通其道，故述往事，思来者”即是此意。

作家能诉尽悲声，读者则能悲痛莫名；

作家能对抗黑暗，读者则能坚守光明。

于黑暗、悲伤之中体验生命绝望、消极、无助的极致，常能告诉我们生命无比正确的答案。正如同诗人朵渔在《最后的黑暗》当中言及的：“只有伟大的爱情，才会爱上灾难。”他并没有定义什么是爱情，却道破了爱情的质量高低在于能否面对生命的全部挑战。这就是这个怵目的句子带给人最正面的意义。包括我们古老的令人悲伤的神话与传说：梁祝化身为蝶是对人间之爱的正面回应；苌弘化碧是对忠义的积极诠释；凤凰涅槃是对罪恶的瓦解与自我保洁……

这世上的美是形态万千的，有优雅之美、有崇高之美、有幽默之美等等，切莫辜负了悲剧之美。

悲剧的社会意义就是呈现割裂生活的刀子，但悲剧也在教会我们如何包扎生活的伤口。德国行为艺术家约瑟夫·博伊斯最伟大的作品就是在刀割伤手指后细心地为刀子包扎，因为我们避免悲剧重现的唯一途径就是使“刀子”失去它的锋刃。所以，完全有理由认为悲剧作家（或作品）就是“包扎刀子的人”，而大团圆的结局往往成了生活的面具，像一层迷雾，背后正是冷面窥视的刀子。

世界因不完美而完美，阴云与晴空迭至，悲情与幸福幻变。“雷雨就要来临，花园一阵阵变暗/一个对疼痛有深刻感受的人/对此无话可说”（《守望》）诗人王家新写下此句时，想必是无奈与超然并具的。

诗

令我一直好奇的是，诗歌为什么总能借由那么几行的文字而带给人极大的震撼！后来，我渐渐发现这个问题是不好说破的，因为诗歌是一枚奇妙又神秘的石子，投入古老的池塘，波心应声而荡。

无常的哀感

“无常”的根由在释家，《金刚经》说：“一切有为法，如梦幻泡影，如露亦如电，应作如是观。”世间一切事物均因缘而生，而因缘迁流无暂停，终将变异，渐而败坏，故曰“世事无常”。

诗歌所抵达的境界，多是睿智的诗人洞悉万物变化寂灭的无常。

鲁迅说：“有谁从小康人家而坠入困顿的吗？我以为在这途路中，大概可以看见世人的真面目。”（《呐喊·自序》）这虽然悲哀，但毕竟是看见“真面目”。我估计最能感同身受的必是自尊崇的帝位堕入囚徒的李后主。单从他的字号来看吧，未登极之前就自号“钟隐”“钟峰隐者”“莲峰居士”，目的是为了避遭长兄太子李弘冀猜忌，显其志在山水，无意争位。可谁料想，太子李弘冀无端病死，自己被无常的命运推上了权力之巅。

但这无常的安排是好是坏呢？

公元975年，已然被俘北上的李煜写下《相见欢·林花谢了春红》：

林花谢了春红，太匆匆。无奈朝来寒雨晚来风。　胭脂泪，相留醉，几时重。自是人生长恨水长东。

李煜诗词的好，在于“粗服乱头，不掩其美”（清·周济《介存斋论词杂著》）。单纯从语言角度讲，他的词平白如话，但从显微处，总能看出境界，似乎他个人的情感中总渗透着人类共有的那种命运无常的哀感，连王国维也在《人间词话》中说后主“俨有释迦、基督担荷人类罪恶之意”。

“林花”说明所写花朵既非一枝，也非一树，而是满林。意思就是说他写的绝非个体而是群体共有的遭遇。红色的、美丽的花朵凋谢，自然悲哀，加之满林这个“面”，就有一种人世间繁花过眼的感觉了。人生太无常了，有多少美丽的东西都无法恒久，“太匆匆”“无奈”，即是人在美好却短暂的现实面前无可逃避的尴尬境地。

下一片，又容易让人误解。“胭脂泪，相留醉”好像是儿女情长了，但不单是如此，看“几时重”三个字，花带雨，人带泪，别离情重，如痴如醉，可何时能再相见、相拥有呢？恐怕是见不到了，因为人生从来就是令人怨恨的事情太多，就像那东逝的江水，不休不止，永无尽头。眼前的此花、此时永不再有，在时间的流洗中，世事变化太快，一切都在消逝，永远都不会再回来了。

好悲伤的一首词，只有李后主这样深刻绝望过的人，才洞悉无常是种必然。还有一首《虞美人》则更加体现了人生命运在恒久面前的变化无常。

> 春花秋月何时了？往事知多少。小楼昨夜又东风，故国不堪回首月明中。　　雕栏玉砌应犹在，只是朱颜改。问君能有几多愁？恰似一江春水向东流。

你看，“春花秋月何时了？”自古有多少消瘦不称意的诗人伤过春悲过秋，那恒久运行更生的春花秋月不知见了多少人悲欢离合的往事，而天地自然恒常，一个人的往事却是永久消逝，无法回环。

又“小楼昨夜又东风，故国不堪回首月明中。”“又东风”，喻自然之不变，“故国”则又是无常了。因此，李煜在这首词中意象的选取总是把握着“变与不变”“恒久长存与稍纵即逝”的对举，意在说明，我们每个人都在这种无常的悲哀之中。

这让我想到诗词中占有一席之地的怀古诗，当我们把眼睛从个体的无常上移开，就能看见时间长河中宏大的变迁与更迭。你看刘禹锡诗《西塞山怀古》说：“人世几回伤往事？山形依旧枕寒流。”天地无情，人囿于心，总是不断伤怀于往事。还有那享有“孤篇盖全唐”之誉的《春江花月夜》，见月永恒，思人之长短，便有了“江畔何人初见月？江月何年初照人？”这样的无果之问，也有了“人生代代无穷已，江月年年望相似”这样的无尽之叹。甚而，在陈子昂那里，变成了鸿蒙天地间的悠悠悲情：“前不见古人，后不见来者。念天地之悠悠，独怆然而涕下。”孟浩然说得好：“人事有代谢，往来成古今。”（《与诸子登岘山》）来来去去，生生死死便是古今之别了。

可见，无常是永恒中的必然。

但，就如此绝望了吗？

悲总是有的，但绝望倒大可不必。

尼采说：“一切文学，我爱以血书者。”悲剧为什么会与美学挂钩，大约如是，而且艺术家创作要追求深刻的话，很多都会有一种“黑暗之心”，即发现、观照、思考人生当中的种种无奈与风波。

我们来比较两个人物。苏轼和王国维。

苏轼命运所受的无常大抵是了解的，他晚年自述生平，说：“心似已灰之木，身如不系之舟。问汝平生功业，黄州惠州儋州。”（《自题金山画像》）这一生难料的波澜、变动都在这其中了，而且即使是早年意气风发的时候，正想一展抱负，可母死守制三年，父死又是三年，等数年后出来，宋神宗已启用王安石变法了，天下风云大变，又岂是他能料到？但我们依然极少看到他的绝望，在他的词章中也许我们能读出“痛”，却难见彻底的灰心丧气。他的《定风波》便可见一斑：

> 莫听穿林打叶声，何妨吟啸且徐行。竹杖芒鞋轻胜马，谁怕？一蓑烟雨任平生。　料峭春风吹酒醒，微冷，山头斜照却相迎。回首向来萧瑟处，归去，也无风雨也无晴。

天地气象，何时是风，何时来雨，我们真的很难预料，既然不可预知，在苏轼看来只好坦然面对了，“何妨吟啸且徐行”，来一场风雨中的且歌且行吧！既然无常的人生不可抗，那就充满勇气，轻松上路，谁怕他？任他带来什么挑战！

但是王国维不一样。

王国维是由传统的文化氛围中走向五四新时期的，他不仅目睹时局之变，还看到文化根基在这种千古未有之大变局中所遭遇的冲击和困境，那无常的哀感自然会侵蚀这位饱学之士敏感的内心。

山寺微茫背夕曛，鸟飞不到半山昏。上方孤磬定行云。　试上高峰窥皓月，偶开天眼觑红尘。可怜身是眼中人。

这首《浣溪沙》是王国维人生困境的真实写照，有人这般评说王国维，说他“一个纤巧、敏感、精致、从容的性灵，却不幸投生到一个暴力、粗野、张皇的时空中，一切来不及从容地展开，就又匆匆地结束了。”由于王国维本身受叔本华悲观哲学影响甚深，认为世界本质就是某种无法满足的欲望和苛求，它永不可能被满足。不能满足的欲求是某种痛苦，世界就无法摆脱其痛苦。王国维说，他向往山寺、明月清辉及其所带来的佛陀般的空悟，可是当他居高临下，以超然的视角观察这纷攘的人世时，却失望地发现自己也身陷红尘不能自拔。叶嘉莹教授说，王国维之死，就在于他在追求与痛苦中未能找到出路。

相较二者，作为平凡之众，我们自然有对无常的哀感，但更要有面对人生无常的洒脱态度。

自然的趣味

凡成功的写作者都是有态度的人，他们的作品即在呈现一种态度。诗歌更是如此，这种抑扬的格律和声韵之中有太多诗人们对天地万物、众生迹象的精深思考和审慎把握。如同做人要自然不矫饰一般，好的诗人也不约而同地追求自然的诗艺，并以此向世人展示自己在生命哲学这个错综复杂的轨道上体验出的不二态度：自然趣味。

人的自然和诗的自然要符合两个条件：天然和天真。元好问《论诗三十首》评陶渊明的诗是“一语天然万古新，豪华落尽见真淳”。这其实就是天然与天真的完美结合，人格的至情至性，方有诗语的自然味道。

能不能从自然中得趣，往往能区别出一个诗人的好坏。

比如我常讲的故事，陶渊明“性不解音，而畜素琴一张，弦徽不具，每朋酒之会，则抚而和之。曰‘但识琴中趣，何劳弦上声！’”这是有关名士风度的美谈，无所挂碍，无弦之音便是无限之音，心若安宁必能于无声中听有声，须知自然含万籁。你想呀，要不是这心境，这格局，陶渊明的“采菊东篱下”是难以“悠然见南山”的，也不会达到“结庐在人境，而无车马喧”这样堪称生命哲学典范的境界。

后来苏轼有一首《琴诗》又几乎将这种人与物、诗的主观与客观阐释到哲学思辨的高度。原诗如是：“若言琴上有琴声，放在匣中何不鸣？若言声在指头上，何不于君指上听？”一支乐曲的产生单靠琴不行，单靠指头也不行，还要靠人的思想感情和技术的熟练。琴不难掌握，指头人人有，但由于人的思想感情和弹琴技艺的差异很大，演奏出来的乐曲是否悦耳可就大不一样了。诗里用了两个提问，让读者去思考。其实这是一个复杂的美学问题：产生艺术美的主客观关系。

知道好诗是怎样写出来的吧？先要把人做到好处、妙处，方能与天地同。要不陆游也不会在给儿子传授写诗经验时神神秘秘地说“工夫在诗外”了。

追求为人作诗自然的态度其实受益于道家。《老子》二十五章：“人法地，地法天，天法道，道法自然。”天即自然，是一切规律章法的根由，作诗何尝不是？庄子也认为世俗中人总是将人和自然对立起来，无法参透自然之美。比如他说：“何为天？何谓人？北海若曰：‘牛马四足，是谓天；落马首，穿牛鼻，是谓人。故曰：无以人灭天，无以故灭命，无以得殉名。谨守而勿失，是谓反其真。’”（《庄子·秋水》）所以，老庄认为人都应当顺应自然返璞归真，只有这样才能实现人生的圆满。这种观念几乎影响了所有的大诗人。中国第一个山水诗人是谢灵运，单读他《石壁精舍还湖中作》开篇四句“昏旦变气候，山水含清晖。清晖能娱人，游子憺忘归”，就有言有尽而意无穷的趣味，晨昏气候变化，山水清灵，人处其间，与之俱化，所以才有憺而忘归的境界。而屈子《九歌·东君》确也有“羌声色兮娱人，观者憺分忘归”，意思正是说山光水色使诗人心旷神怡，以至乐而忘返。

我们要想，好诗为什么能得到读者心灵的契合，因为它往往写的是生活之真，也是心灵之真。今天我们到处旅游，见好山好水肯定也有“憺忘归”的时候，只不过我们不能用诗的语言表达，谢灵运这么一说，就觉得的确是这样。还有像你看九寨的水、西藏的雪山、泰山的云海等，总也瞧不够看不足，好诗人也出来替你说这就叫“相看两不厌，唯有敬亭山”（李白《独坐敬亭山》）。等你把自然万物看的熟悉了，看成知音了，便又能体会杜甫《三绝句》其二所说的：“门外鸬鹚去不来，沙头忽见眼相猜。自今已后知人意，一日须来一百回。”在杜甫生活中，物本异类，却视若同群。惦念那“去不来”的鸬鹚，偶然在沙滩遇见了就觉得眼熟，这不正是我们人与人的交际生活吗？只不过杜甫移情于异类，却更得自然趣味，与天地之中鸬鹚成为知己。

还是袁宏道说得透彻：“世人所难得者唯趣。趣如山上之色，水中之味，花中之光，女中之态，虽善说者不能一语，唯会心者知之。……夫趣得之自然者深，得之学问者浅。当其为童子也，不知有趣，然无往而非趣也。……入理愈深，然其去趣愈远矣。”（《叙陈正甫会心集》）说明自然天成的诗歌一定不是道学家面孔讲道理的，而是赤子之心的自然，这样便能“无往而非趣也”。

说了诗人自然趣味，再说诗歌语言本身。受益于孙绍振先生的一篇文章，这其中也颇得自然二字。

大家知道中国诗歌有炼字一说，看似这是诗歌艺术的另一面，重在诗歌语言的锤炼，但正如“超乎象外”与“得其环中”的相辅相成一样，自然境界非随意而为，这又是艺术的形式的话题了。泰戈尔有过这方面的譬喻，他说河流因为有了河岸才有河流之美，若没有了河岸，那就是沼泽之美而非河流之美。每一种艺术都是内容和形式的合一。

但即使是炼字，有的人炼得自然天成，也有的人炼得匠人气过重。宋祁《玉楼春》“红杏枝头春意闹”中“闹”字是炼字的典型，王国维《人间词话》说：“‘红杏枝头春意闹’，着一‘闹’字，而境界全出。”但明清之际的文学家、戏剧家李渔在他的《窥词管见》却持相左的意见，他认为“‘闹’字可用，则‘吵’字、‘斗’字、‘打’字皆可用矣。……予谓‘闹’字极粗俗，且听不入耳。非但不可加于此句，并不当见之诗句”。显然，不同持见，会将这首诗歌打入两个极端，一者极妙，一者极俗，那么二人之论孰是孰非？我同意孙绍振先生的看法，他说：“汉语词语里，存在着一种潜在的、自动化的联想机制，热和闹、冷和静，天然地联系在一起，说‘热’很容易想到‘闹’，而说‘冷’也很容易联想到‘静’。红杏枝头的红色花朵，作为色彩本来是无声的，但在汉语里，‘红’与‘火’自然地联系在一起，如‘红火’。‘火’又和‘热’联系在一起，如‘火热’。‘热’又和‘闹’联系在一起，如‘热闹’。所以红杏春意可以‘闹’。这个‘闹’，既是一种自由的、陌生的（新颖的）突破，又是对汉语潜在规范的发现。正是因为这样的语言艺术创造，作者获得了‘红杏尚书’的雅号。”（参考孙绍振《春季的古典诗情：喜春、惜春和伤春》）

可见，诗歌的自然趣味其实是诗人境界与语言境界的合一。孙教授在这里揭示了一个道理，在艺术创作中任何的求新求异都不可违背内在的规律，这个规律就是自然的法则。正如语言的锤炼一样，是艺术的创造顺应了生活语言的自然，所以这样的诗歌才可传之久长。

对个别的心灵讲话

德国的阿多诺晚年曾这样讲过：知识分子的希望不是对世界有影响，而是某天、某地、某人能完全了解他的写作。

正如面对一首诗歌，有的人则心音共鸣、感同身受，有人则觉得味同嚼蜡、漠然无感。对于后者，说到底，你不是这首诗等待的读者，也不是这首诗的作者所等待的知音。戴望舒写《我思想》的小诗，说："我思想，故我是蝴蝶。万年后小花的轻呼，透过无梦无醒的云雾，来振撼我斑斓的彩翼。"一首诗歌或一个诗人的知者，必如万年后小花的轻呼，震撼前尘往事那斑斓的彩翼。

伏尔泰说：诗是灵魂的音乐。但这高山流水并非人人能懂。难遇知音，常常是诗人的命数。比如在古代，诗人们要想有像白居易遇上顾况、苏轼遇上欧阳修这样的机缘实在少之又少，更多的是冷落于墙角的花朵，孤芳自赏罢了。不可否认，诗歌本身并非大众艺术，这种艺术形式或多或少带有某种难言的神性和灵性，更多时候诗歌的存在是对个别心灵的讲话，而非群体的狂欢。

风云一时的诗人，往往自铸伟辞，放怀高唱，他们有着很多的应和者或者迎合者，然而别具风情的异数，不得不坎壈始终。这里我要讲的诗人是明朝的徐渭，他被称为"中国式梵高"。

徐渭，浙江绍兴人。初字文清，后改字文长，号青藤老人，明代著名文学家、书画家、戏曲家、军事家。他到底达到怎样的艺术高峰呢？看两个名家言行便知，一是袁枚在《随园诗话》中载："郑板桥爱徐青藤诗，尝刻一印云'徐青藤门下走狗郑燮’”；二是齐白石作诗：“青藤八大远凡胎，缶老衰年别有才；我愿九泉为走狗，三家门下转轮来。”而且还说：“恨不生三百年前，为青藤磨墨理纸。”郑板桥和齐白石都是一时风云人物，却都不约而同谈到愿做徐渭门下的“走狗”，可见对其推崇备至！

有人如此总论徐渭的一生：“一生坎坷，二兄早亡，三次结婚，四处帮闲，五车学富，六亲皆散，七年冤狱，八试不售，九番自杀，十（实）堪嗟叹！”这真是堪称中国历史上最可怜的才子。艺术的财富往往在一个生命力蓬勃的个体中酝酿，史传说他“少年时天才超逸，入徐氏私塾读书”。“六岁受《大学》，日诵千余言”，“书一授数百字，不再目，立诵师听”，“指掌之间，万言可就”。同时的好友，“越中十子”之一的沈炼曾夸奖他说：“关起城门，只有这一个。”由此可见徐渭年轻时也是像李白那样立身把笔，一气写尽，能使满座皆惊的人。

可是，这样的才子，亲人接二连三去世，家境陷入困境，连应八次乡试都名落孙山，“不得志于有司”，后来连唯一赏重他的抗倭名将胡宗宪也在权力颠扑中死于狱中，致使他的精神受到刺激，成为他人眼中放浪狂狷、自绝礼俗的疯子。至少这样的记载是基本可信的，《明史·文苑传》记载，他曾九次自杀：一次先以利斧击自己头部，“血流被面，头骨皆折”，幸而不死；又一次似鬼神附体，他以三寸长的柱钉刺入左耳数寸，然后用头撞地，把铁钉撞入耳内，丝毫不觉得痛苦，又不死；后又用锥子击碎自己的肾囊，仍不死。这些残酷、极端的自杀方式，远远不是一般人所能想象得到的。如果我们真拿他和梵高比的话，恐怕只有过之而无不及。

“不遇于时”几乎是古代杰出文人难逃的命数，在徐渭这里仿佛又达到极致，这种命运的重击，终于汇聚成艺术的强大力量场。袁宏道写《徐文长传》，酣畅淋漓地赞道：

“文长既已不得志于有司，遂乃放浪曲蘖，恣情山水，走齐鲁燕赵之地，穷览朔漠。其所见山奔海立，沙起云行，风鸣树偃，幽谷大都，人物鱼鸟，一切可惊可愕之状，一一皆达之于诗。其胸中又有勃然不可磨灭之气，英雄失路，托足无门之悲。故其为诗，如嗔如笑，如水鸣峡，如种出土，如寡妇之夜哭，羁人之寒起。虽其体格时有卑者，然匠心独出，有王者气，非彼巾帼而事人者所敢望也。”

有幽情忧愤，是不幸的遭遇交与他的，有超达不世出，是精神独行者的悲歌汇聚的。他的苦难与狂狷转化成了巨大艺术的能量而相继迸发，他将自己的悲愤和怀才不遇之感融注于笔端，创造了一幅又一幅惊世骇俗的水墨名画，写出一首又一首向交诟的千舌坦然大呼的传奇诗篇。

司马迁《报任安书》说“韩非囚秦，《说难》《孤愤》”，其实徐渭所有的艺术创作都是在“说难”，都是表达“孤愤”，幸而，徐渭死后二十年，有袁宏道为他击节鼓掌。据说这位“公安派”领袖人物偶于友人陶望龄家翻到一本徐渭的诗文稿，“恶楮毛书，烟煤败黑，微有字形”。但在灯下读了几篇，不禁拍案叫绝，惊问此人是今人还是古人，竟拉起陶望龄一起彻夜阅之，“读复叫，叫复读”，以致把童仆惊醒。

终于，二十年多年前，即明万历二十一年（1593）那个穷困潦倒、贫病交加，最后在自己破旧的小屋中以七十三岁高龄离开人世，门口写着“几间东倒西歪屋，一个南腔北调人”的对联，身边唯有一狗与之相伴，身下是杂乱无章的稻草，床上连一铺席子都没有，极度凄凄惨惨戚戚的徐渭，最后通过无数沉重的文字演奏的交响，震撼了那两个灯下激动不已的读者。

唉，时间湮灭，命运弄人，尽管众声喧哗，有的人只在对个别的心灵讲话。

将物象向灵性引渡

刘勰《文心雕龙·神思》说：“使玄解之宰，寻声律而定墨；独照之匠，窥意象而运斤。此盖驭文之首术，谋篇之大端。”晋代王弼又解释说：“夫象者，出意者也，言者，明象者也。尽意莫若象，尽象莫若言。”都在说明，我们肉眼所见之象，在文学艺术中会被创作者赋予主观的意念、哲思和情感，使客观之物成为创作者的“意中之象”。对此学者袁行霈先生解释得最为到位，他说：“物象是客观的，他不依赖人的存在而存在，也不因人的喜怒哀乐而发生变化。但是物象一旦进入诗人的构思，就带上了诗人主观色彩。”所以，“诗人的审美经验和人格情趣，即是意象中那个意的内容。因此可以说，意象是融入了主观情意的客观物象，或者是借助客观物象表现出来的主观情意。”（袁行霈《中国诗歌艺术研究》）

通过这样的美学概念定位，其实在说明，读诗、解诗都是“由象窥意”的过程；我们几乎也可以这样说，诗人不是自然的搬运工，也不是工笔画家，在他们眼里，所见之象都在完成一种向灵性的引渡过程。

当然，这种艺术性在古典诗歌中的表现本就十分突出，诸如

“木末芙蓉花，山中发红萼。涧户寂无人，纷纷开且落。”（王维《辛夷坞》）“众芳摇落独暄妍，占尽风情向小园。”（林和靖《山园小梅》）“零落成泥碾作尘，只有香如故。”（陆游《卜算子·咏梅》）等等，此类咏物诗都具有这种显性的物中用意。

但我认为，在现代诗歌中，这种物象向灵性引渡层次更为明显和出人意料。

比如诗人穆旦的《春》，我们且看这个题目，这个词语本身呈现的其实是春天物象的集合和所表现出的蓬勃的特点。但诗人很显然别有所指，他要借此展现人的某些生命状态，于是他开篇写道：“绿色的火焰在草上摇曳，他渴望拥抱你，花朵。”这本身不以人的意志为转移的草与花开始向人的灵性过渡，这“渴望”是人的渴望，这“火焰”是青春的蓬勃力量。于是穆旦在第一个章节完成物中含意的思想提升，他说：“如果你醒了，推开窗子/看这满园的欲望多么美丽。”其实，关于春的赞美诗实在太多了，很容易走向平凡甚至平庸，但“醒了”这个语词本身所具有的引申能力以及对欲望直言的赞美，使这首诗赢得了极大的想象空间。它可以是对生命本体的肯定，也可能是对时代压抑与反抗的思索，所以经过这种赋物象以人的独有的灵性的过程，使诗歌独具特色。

再比如艾青的《雪落在中国的土地上》这样具有对民族厚重历史反复思考的诗歌，取象与寄意就十分关键。他写“风”，并不会忽视风呼啸、盘旋、撕扯行人衣襟等这样客观的特性，但很显然这不是他要表达的重点，重点是他想表现风和国家和老妇之间的多重共性与多重譬喻及象征，如诗：“风/象一个太悲哀的老妇/紧紧地跟随着/伸出寒冷的指爪/拉扯着行人的衣襟/用着象土地一样古老的话/一刻也不停地絮聒着……”就像祥林嫂一样，一个民族说不完的苦难、悲哀和寒冷即将向人展开“絮聒”。所以，这里的“风”得到了艺术的重塑，是风本身又不只是它本身。

或许我们还可以把关注点放到外国诗歌的鉴赏上，你会发现艺术惊人的共性。

我偶然读到过去并不耳闻的一个外国诗人的作品，觉得很奇妙。这个人就是美国女诗人玛丽·奥利弗，其实她的诗歌赢得不少奖项，其中包括美国国家图书奖、普利策奖。玛丽·奥利弗的诗歌与自然万物有着特别的亲近感，这种亲近感成就了她的诗歌。她有一首叫作《鱼》的诗，写一条鱼日常的命运：“我剖开它的身体，将肉/和骨头分开，/吃掉了它”如果是缺乏耐性的读者读到这两句，估计已经有充足的理由放弃这首诗歌了。可是下一句诗歌立刻展现出它的高明之处：“现在，海在我身体里：我是鱼，鱼在我体内闪闪发光”，你会发现鱼的角色已经开始向人的转化，成为诗人独特的生命省悟，我们与“鱼”换位思考，鱼的命运也是我们的命运，每个人都将被痛苦和愧疚纠缠。

主题更为深刻的是她的另外一首诗《你能想象吗？》，这首诗几乎沿袭着同样的过渡方式，“例如，想象树，/不只是在电闪雷鸣的一刻，/在夏夜湿漉漉的黑暗中，/或者在冬天白色的罗网下，/而是在此刻，此刻，此刻——我们看不见的/无论哪一刻。你一定无法想象/它们不跳舞，内心渴望着/去旅行一小会儿，而不用这样挤成一团，争夺/一个更好的视野和更多的阳光，或者贪图/更多的荫凉——你一定无法想象/它们只是站在那里，爱着/每一刻，爱着鸟或者虚空，黑暗的年轮/缓慢而无声地/增长，除了风的拜访，一切/毫无变化，只是沉浸于/它自己的心境，你一定无法想象/那样的忍耐和幸福。”作者想象一棵树的心灵，其实表达的是人的痛苦来源于“画地为牢”，人总是在生活和思想中给自己不断设置局限、冲突和分裂，并在许多无意义的比较中痛苦而迷茫地度过。其实，我们也可以单纯如一棵树一样，“它们只是站在那里，爱着/每一刻，爱着鸟或者虚空，黑暗的年轮/缓慢而无声地/增长”。在自然界，生命确实会呈现出一种铁律，即无论怎样的风云变幻、跌宕起伏，最终也许都是：一切，毫无变化。

以上例子，旨在证明诗歌所具备的深刻与无限延展的空间，多数时候需要诗人对所见事物的持续关注和想象，关注能认知特性，想象能建立联系，在对自然万物的恒久歌咏和沉思中，使诗歌获得灵性成为了可能。这种文体始终向我们说明，所有事物都不是虚无缥缈的存在，它们的存在意义取决于你的生命意识、认知能力和拥抱万物的胸怀。

附：名家名作主题研究示例（四）

海子诗歌的民间情结

第一章　神秘的村庄

《两座村庄》：

五月的麦地上／天鹅的村庄∥沉默孤独的村庄∥一个在前一个在后∥这就是普希金和我／诞生的地方

或许更确切地说，海子诗歌的民间情结实际上是立足于乡土，因为在当代语境意义上，民间情结并不意味着与乡土的亲密，他们甚至有可能是一种背道而驰。正如有人提出，海子的死“是一曲唱给田园与淳朴精神的挽歌，经过短时间的‘麦地诗潮’后，中国现代诗歌道路开始分叉，一条朝向‘暧昧’的‘知识分子写作’，另一条通往世俗生活的‘民间立场’，而无一例外的是，这两条道路都抛弃了海子孤独的歌唱和对乡土的缅怀。”[1]可见，在海子那里他的民间与村庄是血脉相连的，他的诗歌少了其他各派诗歌的喧嚣和不可一世的文化分裂。

而村庄，这个世界最原初的存在形态，它本身所具有的神性、仪式性、宗教性以及黑暗与野蛮，都暗示着人类精神世界的发端和启蒙。在此之路上，当我们远离之后，能够找到归途的永远是那些容易被人类遗弃的精神探索者，天才所带来的启示意义也永远蕴含着悲剧意味。

对于普通大众，世界是没有透彻的，世界因神秘而存在，因神秘而拥有永恒的高峰和渴望，找块土地将自己掩藏起来，拉过大地像被子一样盖在身上，使所有人看不穿，看不穿又迷恋。所有生之信念便由此而生。

但海子并不苟求于此，当人类文明的衍生出现了某种混乱，或者活在文明之中的人类无法掌控文明时，海子则把目光转向文明的源头。在那混沌之中解开神秘的面纱，追问久远的清新的风。

在诗歌的角度上，其实许多伟大而真挚的诗人所求是一致的。与海子同时的曾风起云涌一时的“第三代诗人”，诸如韩东、李亚伟、多多、尹丽川等，他们在现代文明的僵局面前曾发出了声嘶力竭的“号叫”，他们也更民间、更世俗、更无能为力。可很多诗人在与世俗的格格不入之后转入了与世俗的妥协，正如当时一位叫尚仲敏的诗人为海子写的一首短诗可为证：过往年代的大师／那些美丽的名字和语句／深入人心，势不可挡／但这一切多么徒劳／我已上当受骗／后面的人还将继续／生命琐碎，诗歌虚假无力／我们痛悔的事物日新月异／看一看眼前吧／歌唱或者沉默／这一切多么徒劳（尚仲敏《告别》）。许多诗人最终面对现实，拥有了生活的平常心，诗歌也更多地转向了生活的现场。可海子“纯净而又脆弱的心灵，承担了太多的人类命运和时代苦难”，最终他拥有了他的诗歌神话，成就了他诗歌的王位，诗歌金色的太阳之光也永久照耀着我们。

加上海子自身的乡村背景和独特的个人情怀，他更能够理解存活于乡土之上的万物，包括故乡的山水、一草一木、故乡的云雨、父亲、母亲和所有民间的生命形态，淳朴而浪漫的精神，丰收和灾难，黑暗和幸福，这一切乡土的气息都在勾起海子对民间神秘精神的探索和遐想，而正是这种不可摆脱的迷恋，使海子拥有了丰富的创作源泉，以至海子曾说“农村生活至少可以让我写上十五年。”[2]事实也是如此，海子仅5年之多的创作历程就向我们呈现了无法企及的作品数量和艺术高度。

“这就是普希金和我／诞生的地方”。在当代知识分子心中，农村生活一直与崇高而伟大的艺术有着难以明说的血脉关系，以至我们细数这数十年伟大的文艺作品，有关乡土有关民间始终是这些创作的精神命脉。同样，在海子的诗歌创作过程中，他的主流意象即是“乡土”，这个概念包括村庄、土地、粮食、水和关乎四季的太阳。但与众不同的是，海子对于这些意象并不停留在大众的情感观照模式上，他有自己独特的生命体验和个人的艺术深化。一位学者说，“大凡成熟的诗人总有相对稳定的意象符号，如海之于埃利蒂斯、荒原之于艾略特、月亮之于李白、太阳之于艾青，都已浑融为其艺术生命的一部分，成为某种精神的象征符号。具有开放气度的海子，接受中外优秀诗歌范本的援助，顺应现代诗的物化趋势，起用了全球化的意象与象征手段；但是对之进行了大胆的‘改编’，不但求意象的原创鲜活和意象间的和谐浑然，而且努力使意象和象征高度个人化，上升为‘主题语象’。”[3]

海子站在神秘的村庄面前，这“村庄”，既宛如一个姑娘，是一个热情迸发的青年心中的秘密情人，又是冬日清晨的迷雾，总让人想知道山那边是什么？水从哪里而来？父亲母亲是谁？自己是谁？这其中的关系又和土地及土地上的粮食怎样的纠缠不清？然后，上天给一个天才的使命，即是说明，即是在窥视神秘之后给人类一个答复，由此我们称这些人为“上帝的代言者”。

海子是一个充满激情的诗人，他情感饱满，内心极为丰富。《毛诗序》中这样言说：“诗者，志之所之也，在心为志，讲话为诗。情动于中而形于言，言之不足故嗟叹之，嗟叹之不足故咏歌之，咏歌之不足，不知手之舞之，足之蹈之也。”[4]指出了激情对于创作的催生浸然。刘勰在《文心雕龙》里也屡次提到了“情以物迁，辞以情发”“蚌病成珠”的说法，都在强调激情对于创作的重要意义。后来有人比较了北大三诗人中的海子与骆一禾，“他采取一种静悟的方式，以心灵的修炼而获得内在的空明、热烈，进而抵达远在的光明。海子则更多一些漂泊的意味，他从被麦子映照出的宇宙空间，捕捉类似流萤闪电的神秘信息，终而达到心灵的顿然开启”。[5]在此，我们无法轻易论断海子与骆一禾在诗歌艺术成就上孰优孰劣，而且诗歌对激情的言说方式本身还是一个过程，冲淡或者热烈都不能否定诗人内心的情感冷暖度。海子作为一个怀揣大地浪漫情感的诗人，他激烈而奔放的质问和寻求，最终使他沉入村庄神秘的内核，黑暗、血腥、冲突、力量、美和高傲的民间精神，这些元素一旦走进海子的文字，就是他生命力的张扬和高蹈。

确实，文字往往比嘴更具表达力。海子的探索与创作，以及他死亡本身所具有的行为意义，自始至终都与民间和民间那个永恒又岌岌可危的村庄息息相关。当海子远离我们之后，他的文字还在源源不断地传达他对乡土的情感和怀念。海德格尔说真正的诗人具有一种“精神病”气质，这种气质使其往往执迷于事物的本质。或许，海子从他热爱的“神秘的村庄／忧伤的村庄”（《云朵》）中找到了某个本质，并用他庄严的死亡唤起在世者的注意，希望人们从他的诗歌中得到某种开示和神启！

第二章　幸福者说

《日出》：

> 在黑暗的尽头／太阳，扶着我站起来／我的身体像一个亲爱的祖国，血液流遍／我是一个完全幸福的人／我再也不会否认／我是一个完全的人我是一个无比幸福的人／我全身的黑暗因太阳升起而解除

可能真有那么一个瞬间，诗人海子曾在这块埋人的土地上感

受到前所未有的令人眩晕的幸福。正如《日出》这首诗歌所体现的一样，他身上的黑暗被瞬间解除，阴影和过多的人类责任也被消释，“我是一个完全幸福的人”，这是海子一生中来得最艰难也最短暂的呼告。

《日出》本来有一个副题，“见于一个无比幸福的早晨的日出”，落款是“1987.8.30醉后早晨”。我们可以看出，海子在某个日出的早晨突然将自己溶解于世界的抽象幸福中，这种幸福是缺乏理性的直接宣泄，但同时这也是海子心目中理想的幸福，因为人只有在黑暗的尽头且还未来得及回味黑暗的血腥的时候才会产生这种莫名的“完全幸福”。如果现在我们用这首诗来比较海子的绝笔《面朝大海，春暖花开》，不难看出在后者中，海子渴求的是一种更为痛苦也更为理性的幸福向往，无论是意象的选择上（包括了喂马、劈柴、粮食和蔬菜）还是主题思想的深刻性上都是一种“深思熟虑”的结果。毋庸置疑，海子在现实中并未获得幸福的体验，“愿你在尘世获得幸福”只是海子对现实的一次尝试性妥协，其间映射出的正是深刻的不幸。研究者也曾说，“这首诗具有的其实仅仅是表面上的明快，‘从明天起，做一个幸福的人’，不正说明了今天的痛苦吗？‘愿你在尘世获得幸福’，不正说明自己已不在尘世了吗？正如前文所言，如果将《面朝大海，春暖花开》中的‘房子’理解为坟墓，这首诗的调子就相当悲凉了。”[6]甚至连对海子最为熟悉的西川在接受采访时也说：“比如说‘面朝大海，春暖花开’这句，几乎是家喻户晓，所有人将它认为是很明亮的诗，实际上它背后是非常绝望的，这是快要死的人写的诗呀！这种东西，收到中学课本中，中学生只能看到最表面的一层，不知道背后危险的冲动，老师也不敢讲，老师也不一定理解。”[7]可见在对这一首诗歌的认知上学者是获得了某些共识的。

那么海子在现实中或者理想的生活中获得的是怎样的幸福瞬间呢？他从浓厚的民间情结中又张扬了怎样的民间理想主义？这里是否如人所说存在着一个常人无法企及的“诗人乌托邦”？现在我们或许还无法很确定地给出一个答案。学者陈思和曾说，“当代中国并不缺乏对理想主义的阐释宣传”，但是在“文革后的80年代的创作中，‘民间’常常作为新的审美空间，并以‘文化’为特征来取代文学创作中过于强大的政治意识。”[8]这里就出现了一个契机，知识分子纷纷在民间树立起自己的艺术旗帜和理想多元性招牌，在当时的诗歌领域正是喧嚣和骚动的时刻，而海子及其少数的诗人却仍然坚守者自己的精神阵地。可以确定的是，海子在民间的诸多元素中（如麦地、太阳、天堂、少女、月光、向日葵、杨树、鹰、马……）构筑者自己陶醉的神话和浪漫辉煌的家园。

现在我们需要理解的是海子的那种眩晕现象。米兰·昆德拉曾在其《小说的艺术》中对“眩晕”一词作过定义：“眩晕，就是沉醉在自己的软弱中，人意识到自己的软弱，但又不想反抗它，而是任其下去。”[9]那么米兰·昆德拉可以提供给我们的分析契机就是海子的“软弱时刻”，这是他能够接纳尘世幸福的唯一借口与理由。如果我们将海子的身份还原，将他从诗歌的圣殿拉回人世间，我们就能看见海子的真身：是一对农村夫妇的儿子，有弟弟和妹妹，在农村生活十五年且对土地有着深刻的理解，十五岁后去北大念书，曾与四个女子相爱过，并且写诗。就是这样，不再需要其他的修饰语句了，这就是生活本身。当海子以诗人的身份存在于现实生活，他有理由对生活中的片刻幸福感到眩晕，尽管是在醉后暴露出的“软弱”，但这也并非否定一个真正诗人在艺术上的从容和坚定。

而且我们无法否定这种瞬间幸福的存在意义，民间情结的意义也正在于此。民间的物质系统本身是精神性的（或者说是精神的寄生体），他们多重的存在方式正表达了世界的复杂性和与机器时代冷漠的不相容，因为民间物质可以孕育情感形态，而机器却不能。海子正是用诗人敏感内敛的性情和诗歌的艺术能量，去洞察民间存在的黑暗和危机，而洞察的过程必须对世界的幸福表象有足够的体验和感情。海子承认了这种“软弱”，并对人世的体系和大自然作出认知，进而有了艺术上的话语传达。

海子总体的幸福，或诗歌的幸福，在于民间主题的开发。四季风雨、桃花、河流、土地、天空、温暖的亲情、甜蜜的爱情……这一系列物事始终贯穿在海子的诗歌创作中。请不要否认爱！不要以为能够体验黑暗与血腥的人必定是冷漠的，海子能够钟情于自己的诗歌王位，迷恋于太阳，献身于自己的精神家园，照亮生命不可或缺的青春、浪漫、高远、理想、炽热和密度。因为我们知道充满神性的诗歌都是人的作品，而不是神的感喟！

第三章　苦难者说

《夜色》：

在夜色中/我有三次受难：流浪、爱情、生存//我有三种幸福：诗歌、王位、太阳

“做一个诗人，你必须热爱人类的秘密，在神圣的黑夜中走遍大地，热爱人类的痛苦和幸福，忍受那些必须忍受的，歌唱那些应该歌唱的。”[10]这就是海子或者说作为一个诗人应该承担的全部生命意义。这首《夜色》一直作为人们认知海子的一个坐标，它示范着这个时代最伟大的诗人能够给予我们的和作为诗人的他所付出的，而无论出于何种目的和角度，对海子受难与幸福的思考都离不开“黑暗”这个海子始终没有摆脱的诗歌元素，而他正是出于对“夜色”的深度理解获得了自己的诗歌王位。如今，我们对于一个已逝者，一个诗人，将他的苦难重新与民间主题结合，能够得到的启示依然来源于：流浪、爱情、生存。

如果我们还能记起海子的死亡，那么也应该还记得海子去世后人们在他身边发现的四本书，其一就是《圣经》。也许我们不能将海子与一个基督徒的虔诚等同起来，但对于《圣经》与海子及其诗歌的神性向度是有某些内在联系的。“东方的传统对于诗人的成长是有欠缺的，这是一片缺乏神性维度的土地。道路在哪里？自然和土地是海子作为一个诗人突破的方向。”[11]由于这种神性的缺失，海子在他的诗歌创作上早就树立了自己的宏大的报复，这与其说是东方民族的不如说是世界的、人类的，他说：“我的诗歌理想是在中国成就一种伟大的集体的诗，我不想成为一个抒情诗人，或一位戏剧诗人，甚至不想成为一名史诗诗人，我只想融合中国的行动成就一种民族和人类结合，诗和理想合一的大诗人。”[12]所以当海子的视野超出黄河文明的藩篱，他首先接触到的就是西方的或者说融汇整个世界的大自然与大土地，而《圣经》作为西方文明的萌芽与道德蓝本，无疑会成为海子诗歌指向的一个参照。西川曾在怀念文章中比喻道：“海子的创作道路是从《新约》到《旧约》。《新约》是思想而《旧约》是行动，《新约》是脑袋而《旧约》是无头英雄……”[13]这种比喻正好说明《圣经》对海子的某些潜在影响。

简而言之，《圣经》本来就是记录着一个民族（犹太族）被流放的历史，它象征着早期人类在大自然的面前所遭受的苦难和迁徙，而唯一生存的土地所蕴含的生与死、光明与黑暗的奥秘都被人们赋予神的启示和惩罚。我想这意味着海子在诗歌的创作中，已经意识到了宗教与民间与民族的某些神秘血缘关系。世界各个文明流域的文明实践，实际上就是人类在土地上的流放或迁徙过程，对这个过程的深刻认知才能真正理解文明的含义，以及文明早期积淀在民间的诗性情愫。在这一点上海子才最终明白了自己的诗歌理想与诗歌境界：想融合中国的行动成就一种民族和人类结合，诗和理想合一的大诗人。

那么海子是如何在诗歌中实现这一人在土地上的“流浪”与行走的呢？这里有个地点需要引起我们注意的，那就是西藏。这个与海子诗歌创作成熟有着不可忽视关系的所在，即是海子生命中的宗教与流浪。相比黄河流域文明的泛宗教信仰，那么西藏一定是中国土地上少有的一块充满神性的土地。海子曾两次游历西藏，这在现有的各种资料中仍能看到人们对这两次不凡之旅的重视，“1986年暑假，海子从北京出发，经过四川去西藏，在一座寺庙，海子看到一个喇嘛用刀划开自己的肚子，然后又把裂缝合拢，整个过程没有流下一滴血。这一神奇的现象让海子震惊，回来后，海子写了一首《云朵》，开头两句是：‘西藏村庄/神秘的村庄’”“1988年夏天，海子开始了他的第二次西藏之旅，火车经过青海省德令哈市时，海子默默地记住了这个名字。很快，

‘德令哈’（德令哈，蒙古语，意为“金色的城市”）出现在海子的诗歌中。这首名为《日记》的短诗，已经成为今天流传最广的海子作品之一：这是唯一的，最后的，抒情。∕这是唯一的，最后的，草原。”[14]此外，出于对高原的怀想，海子还写下了《怅望祁连》《黄金高原》《敦煌》《七月不远》《九月》等著名诗篇。对于这种流浪，正如《九月》中的一句“只身打马过草原”，海子已完全沉浸在自己心灵的孤独之旅中。他怀揣着对高原“唯一的抒情”，留恋着“唯一的草原”，最终游离出尘世的大混乱，一个人徒步向山海关的游走中，找到了自己的所在，因此他留下绝笔：“我的死与任何人无关。”因为我们无法在世俗中找到能够承担起这种死亡意义的任何载体。

我们说海子是一个苦难者，就在于他始终以自己的“心灵受难”来承当民族和人类的命运思考。曾经有个诗人写下“阳光泛滥的地方黑暗就是一盏灯”，其意义就在于告诫当人们沉浸在光芒的围困中时，还需要有对黑暗的思考者。海子就曾以诗人锐利的目光在民间的人和物之上细细咀嚼过黑暗的绵绵苦味，黑暗深藏的启示意义也在他的诗歌中奇迹般地发出耀眼的光芒。

可是在海子的民间“田园”中，黑暗有着怎样的隐喻意味呢？学者宗匠在谈到海子在理想和现实中的双重悲剧时，对海子诗学的“黑暗”元素做了有益的阐述，“在经验的基础上，诗人这样展示他的生命痛苦：一方面，他歌唱生命，歌唱生命中的激情，歌唱生命辉煌的瞬间；另一方面，他又看到这生命在黑暗中所命定要遭遇到的阻力。于是，他被迫去表现这阻力（即表现生命的痛苦）。这阻力更多地不是来自诗歌内部，而是来自诗歌外部，来自生存的困境，来自麦地的贫瘠与麦子的困乏。”[15]其实这就是海子包括所有关注民间、思考人类生存本质状态的诗人们所面临的挑战，因为，民间的主要存在方式在农村，农村的永恒意义又在于土地和粮食，这两者的关系就是生与死的关系，它表象上的美丽与淳朴成就诗人们的浪漫主义想象，而内部深刻的苦难则以夜晚永恒的黑暗来笼罩艺术。所以，大凡伟大而坚贞的艺术家，绝不仅仅停留在对美的抒情上，而会在对美的赞美中深入美的内部，美的黑暗形式，及美的悲剧性意味。这并非一件件轻松的事，往往会让艺术家们以生命为代价。海子短暂的一生曾深深地尊崇梵高、尼采、荷尔德林式的精神境地，其原因就在于这些深刻领略过苦难滋味的前人拥有悲剧的美学示范。

现在我们看到海子的作品，大量的抒情短诗似乎表示着这个诗人曾向我们呈现出多么迷人和烂漫的民间生态，可是细心的读者或者说有勇气的读者终将窥见海子诗歌中现实与理想、物质与精神的对抗，这种“生存性”的土地意识从乡间带出黑暗，将一个有着深厚民间情怀的诗人团团围住，走入他的诗行，构成他诗歌的基本主题。

如果说海子的长诗和《太阳·七部书》更多的是借太阳、月亮的精神性、艺术性光环表达“不惟是一种悲剧，也是一派精神氛围”[16]的生命撕裂感，那么他短诗中的黑暗就还是一种“生命冲动”的准备期，就像以下的几句诗行所代表的对生存命脉的思索：“在月亮下端着大碗/碗内的月亮/和麦子/一样没有声响”……“白杨树围住的/健康的麦地/健康的麦子/养我性命的麦子”……“麦浪/天堂的桌子/摆在田野上/一块麦地”（海子《麦地》）；“我所能看见的/洁净的妇女/河流上的妇女/请把手伸到麦地之中”（海子《死亡之诗》）；“打一只火把走到船外去看山头被雨淋湿的麦地/又弱又小的麦子！”（海子《雨》）；“全世界的兄弟们/要在麦地里拥抱/东方，南方，北方和西方/麦地里的四兄弟，好兄弟/回顾往昔/背诵各自的诗歌/要在麦地里拥抱（海子《五月的麦地》）。

海德格尔一句“世界之夜弥漫着黑暗”，[17]这就是海子对麦地与麦子美的拥抱和融入生命内核的书写冲动，在此基础上他才形成了对生存黑暗意识的窥见：黑夜从大地上升起／遮住了光明的天空／丰收后荒凉的大地／黑夜从你内部升起（海子《黑夜的献诗》）。

第四章　逃亡者说

《死亡之诗》（之二：采摘葵花）

> 雨夜偷牛的人／把我从人类／身体中偷走／我仍在沉睡／我被带到身体之外／葵花之外，我是世界上／第一头母牛（死的皇后）／我觉得自己很美／我仍在沉睡

任何规避现实的人，最终进入的世界都是幻境。他们从一个地方出走，然后在另一个地方落脚。而装饰这个落脚之地的所有，兼在尘世。这是精神的逃亡者所能携带的必须细软，看那美，真实而又虚幻，无所有又无不有。作家苇岸在回忆海子的文章中这样说：“海子的诗不指向任何具体事物，而指向实体。幻想和实体是它的两翼，尽管它像精灵一样漫天飞翔，但依然活生生，可感，有质量。海子把他唤来的一切幻象，都化作他所熟悉的家乡事物的意象，使他的诗在根源上与民间和大地保持着亲密

的联系。”[18]

海子在寻找一种实体，这个实体能够承载其他所有的精神世界。所以，他一生迷恋土地，这个孕育万物的地方，也是他诗歌的寄托。但是这个土地不同于世界存在的多义性，它是单纯的、出世的、浪漫的、不允许有黑暗存在的。可是海子终究不能获得这样的土地，像苇岸指出的一样，海子最终都将他的幻象“化作他所熟悉的家乡事物的意象”，这也是我们研究海子诗歌中的民间情结的原因。在寄托幻象的过程中，海子窥见土地之中的黑暗，并且一生都在对抗黑暗与追求太阳中度过。

作为一个诗人，追求的就是精神世界的和谐，可他们在通向神殿的途中窥视世界的核心和本质，这种追问的过程本身是痛苦的，最伟大的痛苦成就了最伟大的诗歌，生命的付出就是这种追求的唯一代价。诗人罗文这样定义诗人的意义：“如果神与上帝真的有一天请长假或退休了，那么在人类可感知的心灵之天堂里，除了诗人与艺术家，谁适宜来看管这块美丽可爱的地方呢？”[19]诗人知道梦想是永恒的，世界的存在也是永恒的。海子就是在世界的物质载体中，通过痛苦的经验，寻求民间这块土地“美丽可爱”的可能性。

可以说，所有真正的伟大的诗人都在经历着一场没有任何预谋的集体大逃亡。

海子逃亡的坐标是民间性的，而在民间他首先将诗歌的维度指向民间天然存在的神示、宗教和隐喻意义。于是我们发现了这三个词义的共性，即永久的“谜”。海子的逃亡即围绕着一个系统的“谜”的设定来展开，我们不知道谜底，我们就找不到海子。“你找不到我，你就是找不到我，你怎么也找不到我／在昔日山坡的羊群中”（海子短诗《酒杯》）。正如海子所预期，我们没有找到他，在他死后我们这群热爱他的人们陷入了对他深深的迷惑。海子是伟大的诗人和伟大的逃亡者，他成功地隐藏了自己。海子也许在山海关被火车一分为二的时候，另一个他正乘坐一艘木船笑着离开，可连那艘木船已被海子掩藏，“那条木船一直是个谜。”（长诗［1984—1985］/其他：神秘故事六篇/木船），我们在跟海子尸身的奔走中扑了个空，的确，那不是海子。

也许我们今天要重新考证海子的逃亡路线，当然这证据无法来源于与海子生前学习生活相关的中国政法大学的绝对科学。但请允许我在这里作一个引证，“诗人（真正的诗人，不是单纯追求发表的诗人）的作品所映射的往往都是眼、耳、鼻、舌、身、意六根及其色、声、香、味、触、法六识的直接反射，是诗人对自己的心、志、情、行的直接体悟的语言记录。因此，如果判断一个人为真正的诗人，那么，他的诗歌就是他的心、志、情、行的体现，可作为信度较高的证据。”“海子诗歌中的事迹大多是关于海子的事迹。”[20]海子自己也在诗歌中向我们坦白：“世界和我，在这本书里，是一个人”；“我的一切叙述上的错误和混乱都来自世界和自我的合一”。（太阳·七部书［1986—1988］太阳，你是父亲的好女儿/《大草原》三部曲之一）这就是海子能够达到如此诗歌境界的原因所在，他的人生与他的诗歌完全结合在一起，他的生活全部就是全部的诗歌写作。为了寻求自己的天空和太阳，他迅速从尘世的生活中逃遁，当人们处于世俗的道德标准批评海子对父母及亲朋的不负责任时，尘世的海子早已不存在了，在他诗歌中看到的那些纯粹的痕迹是海子留给我们最后的背影。

逃亡者说，他选择的是土地上发现黑暗，太阳中发现光明和王子之血。从民间的立场出发，选择好有关他及其诗歌的一切元素，这些元素胀破了诗歌的存在形式，所以最后他用自己的实际行动来实践死亡的复杂含义。现在当我们对着海子的诗歌讨论“死亡情结”时就应该注意到，海子的死的确不是一个偶然事件，但也未必如某些人神秘兮兮所谓的“早有预谋”。海子的死只是一个诗人带着语言出逃事件的必然结果，这自然而然的发生，我们无法追究责任。或许海子在诗歌中的所有幻象死亡最终都将导致这个结果，“幻象的死亡／变成了真正的死亡”（太阳·七部书［1986—1988］太阳·诗剧猿）这只是我们凡人认为不值得提倡的一次实践，可在海子的土地上种出的那些葵花，不为收获任何的赞美，“葵花之外”是一个诗人的王位。

有人曾写下诗句“我不认识命运／却为它日夜工作。”可海子是否窥见了命运之谜呢？我们不得而知，只当我们怀念起这位早年的诗人的时候，他的声音这样告诉我们：

“你知道我的诞辰、我的一生、我的死亡，但不知道我的命”

“你知道我的爱情，但不知道我的女人”

“在我的诗歌中，你知道我叫青草，但不知道我是谁”

“你知道我歌颂的自我和景色，但不知道我的天空和太阳以及太阳中的事物”（海子诗剧：《太阳弑》）

…………

第五章　隐逸者说

《浪子旅程》：

我本该成为／迷雾退去的河岸上／年轻的乡村教师∥但

为什么／我来到了酒馆和城市／我还要还家／我要转回故乡，头上插满鲜花

谈到隐逸，海子也许是个不自觉的实践者。隐逸一直是个与自然与民间生态相关联的词，从海子一生的诗歌写作来看，我们又无法避开这一点，而且按“乡村创造了人类，而人类创造了城市。这意味着乡村是人类的上帝，而人类则是城市的上帝”这样的说法[21]，海子作为诗人在无限接近神的过程中极有可能成为自然和乡村迷恋者（这似乎也是不争的事实）。如果我们从广义上说，隐逸意味着精神家园的守望，那么海子则是一个地道的隐居者，至少在精神上是如此。

我们国家是有隐士文化传统的，所谓传统即意味着某种习性已成为民族的自然习惯，不知不觉中，生活在群体之中的人将受到熏陶。海子是否能避开这一点，我们只能从有意识的回避及无意识的接受上去辨别。

海子只有一次提到隐逸文化的代表——陶渊明，而且陶渊明是海子作为一个反面教材出现的。所有的隐者都不是天然存在的，他们大多是初期怀着凌云壮志积极出世，当在尘世处处碰壁，心灵遭受了严重的冲击后才迷途知返。这时归隐的文人大多也就有着自在逍遥的心态，比如陶渊明的回归便是“归去来兮”的一路高歌。可细读他们的诗歌，田园的歌颂也多少有自欺欺人的成分，这是不得志时的一种退而求其次的逃避。所以古代的士人们对田园的赞美是主要的，而对民间生活现实认识不足。

海子的不同就在于一开始就从一个诗人的角度从民间择取诗歌元素，每一个诗歌意象的使用都包含他对乡村生态的痛苦思

索。他要达到的也不是一般意义上的“言志”，“言心”才促使他形成对幸福与黑暗的表达欲望。所以海子说道：“我恨东方诗人的文人气质。他们苍白孱弱，自以为是。他们隐藏和陶醉于自己的趣味之中。他们把一切都变成为趣味。这是最令我难以忍受的。比如说，陶渊明和梭罗同时归隐山水，但陶重趣味，梭罗却要对自己的生命和存在本身表示极大的珍惜和关注。这就是我的诗歌的理想，应该抛弃文人趣味，直接关注生命存在本身。”[22]这就是我们看到的海子有关古代士大夫之“隐”的刻意回避，从这个角度上来说，海子的田园书写真的就是以生命存在本身为思考对象，诗歌的外延和深刻性也要高出传统的隐士作品。

可是正如我们前面提到的一样，海子只是选择进入“精神家园”的角度不一样，隐士文化的潜在影响海子也是无法回避的，并在无意识中将文人的某些气质融入诗歌中，并作为他们古今关注民间的一个精神上的共存。有学者统计，海子单纯的田园式写作在海子总计200多首抒情诗中占近一半，而直接抒写乡村生活且见诸题目的就有20余首，此间有如：《春天》《村庄》《两座村庄》《九首诗的村庄》《在家乡》《给安庆》《醉卧故乡》《麦地》等代表诗作。海子也曾在诗中透露出一个奔波在城市的文人荣归故里的传统想法，在章首的引诗中就可窥见这种心态，“我要转回故乡，头上插满鲜花”或许就是其心声的投射。

著名学者朱大可曾写道“隐士文化就是这样诞生的，它包含洞悉黑暗和自我拯救的智慧，却拒绝公布那些非人的发现。在一个集体受难的世界里，隐士所犯下的这一罪行，超出了黑暗对人的残害。”[23]我们在其中才能发现海子与古代倾心田园的诗人们同又不同的一面，共通之处就在于对黑暗的洞悉（当然他们对黑暗的关注面也是不同的），不同之处就在于海子在黑暗面前所表现出的对黑暗抒写的强烈欲望，这种欲望伴随其一生，并最终胀破他诗歌的外壳，演变为一场旷古未有的死亡行动！这样，我们才能真正理解海子是痛苦的，他在力图向人们说明他所见的黑暗，“在集体受难的世界里”他不仅意在拯救自我，还自觉担负起拯救整个民族、整个人类和堕入黑暗的文明生态。

需要提到的是，关注自然投身田园的精神逃亡，并非只有中国才有，我们也注意到西方思想对海子的影响（甚至这种影响相比本土的潜在意识作用还要大些），其中一个就是梭罗。梭罗是19世纪美国著名超验主义作家，其代表作《瓦尔登湖》在中国学界引起了广泛关注，海子就是深受其影响的一位。谈到梭罗的隐居或许更能得到海子精神上的响应，而对于《瓦尔登湖》海子至死都带在身边。梭罗以自己的实际行动正面提出对自然的重视，认为大自然是人类的朋友，人与自然在精神上能获得某种理解和沟通，“要是任何人由于正当的原因而伤心悲痛，大自然也会为之感动”[24]，而海子从梭罗那里获得的一种启示正好唤起海子对生命存在本身的思考，“在文学层面，海子的诗学理想深受梭罗的影响。大地以及与大地相关的事物是海子诗歌经常呈现的一种意象。海子的农民家庭背景和在农村成长的经历，使他与乡村大地具有一种精神上的天然联系以及气质上的亲和性。海子在他的诗歌中将自己的童年与少年时代的乡村生活经验，凝结成一个质朴、单纯的世界：麦地、村庄、月亮、天空等，这些是他诗歌中经常出现的、带有原型意味的意象。”[25]正是如此，如果我们研究海子的隐逸情怀就不得不想到梭罗，想到海子与《瓦尔登湖》的亲密。同样我们也不得不提到中国传统的隐逸文化，中西方对大自然思考的实践形成了一种互证，有意识的回避与无意识的接受都成为海子进入大地本质思索的契机，当他在中国的土地和天空上找到自己的诗歌言说方式的时候，真正的诗人海子就这样永垂不朽了。

结　语

就我们来说，海子是一位伟大的诗人；就诗歌来说，他是一位大自然选中的王子和神启者。海子的存在需要告诉我们的正是他一生所要承担的，精神对我们只意味着抽象的形而上的意义范畴，对海子则是一种实体，是生与死的共同价值，是有关这个大地之上存在的一切，土地、粮食、黑暗、天空、太阳和月亮才是精神家园真实可触的原型，我们不能说海子或者说诗人是永远活在幻境里的族群，是不属于这个被机器征服和管辖的年代，因为在他们追求的世界里才有真实，才有真相，所以海子才从民间出发，从最接近人类文化本源的生存形式出发寻求健康的文化原型。当他抵达他所选择的精神领域，穷极一切言说方式之后，最终才用死亡的行动意义唤起人们对生命本身的一丝怜悯和在意。

注　释

[1]刘春.一个人的诗歌史[M].桂林:广西师范大学出版社,2010:98.

[2]余徐刚.海子传[M].南京:江苏文艺出版社,2004:45.

[3]罗振亚.麦地与水:海子诗歌的主题语象分析[J].南京师范大学文学院学报.2010(3).

[4] 郭绍虞.照隅室古典文学论集[M].上海:上海古籍出版

社,1983:198.

[5]崔卫平.不死的海子[M].北京:中国文联出版社,1999:67.

[6]刘春.一个人的诗歌史[M].桂林:广西师范大学出版社,2010:265.

[7]西川.《海子诗全集》编者西川接受新京报采访[DB].2009.

[8]陈思和.中国当代文学史教程[M].上海:复旦大学出版社,2008:363.

[9]米兰·昆德拉.小说的艺术[M].上海:上海译文出版社,2004:169.

[10]周俊,张维.海子、骆一禾作品集[C].南京:南京出版社,1991:58.

[11]万孝献.民间主题:关于土地和东方诗人的宿命[J].哈尔滨学院学报.2005(6).

[12]燎原.扑向太阳之豹:海子评传[M].海口:南海出版公司,2001:98.

[13]西川.海子诗全集[M].北京:作家出版社,2009:4-9.

[14]刘春.一个人的诗歌史[M].桂林:广西师范大学出版社,2010:362.

[15]宗匠.海子诗歌:双重悲剧下的双重绝望[J].诗探索.1994(3).

[16]西川.海子诗全集[M].北京:作家出版社,2009:1-5.

[17]海德格尔.诗·语言·思[M].北京:文化艺术出版社,1991:63.

[18]苇岸.最后的浪漫主义者[M].广州:花城出版社,2009:157.

[19]罗门.罗门论文集[M].北京:中国社会科学出版社,1995:18.

[20]熊继宁.海子之死的证据学谜区[J].证据科学.2010(2).

[21]朱大可.逃亡者档案[M].上海:学林出版社,1999: 233.

[22]海子.海子诗全编[M].上海:上海三联书店出版社,1997:675.

[23]朱大可.聒噪的时代:在话语和信念的现场[M].长沙:湖南文艺出版社,1998:39.

[24]郑惠.聆听大自然的呻吟:浅析《瓦尔登湖》中梭罗的自然观[J].安徽文学.2009(4).

[25]浦立昕.简论梭罗对当代中国的影响[J].辽宁行政学院学报.2007(1).

后　记

这是我写就的第一本书，凝结了近几年我教学实践和写作实践的部分心血。本来，我无意出这样一本在热闹的书市中无足轻重的东西，搞不好还会平添阅读者的负担，但时时忆及早年间初入教坛，几位恩师一再鼓励我要在教科研上建立足以傍身的东西。他们常说，一个教师唯其有这一点念想，才能保持足够的教育热情，也不至于在繁复的工作中被消磨了锐气、勇气和灵气，最终堕入庸常。这几位恩师是：陈三忠老师、刘勇老师、钟映碧老师、佘梅老师。他们当年引领点拨之恩，我始终铭刻于心！

还有我执教高中后，周永孝老师、邵培德老师、彭光秀老师、毕勇老师、张海艳老师和熊红老师等领导和前辈给予我信任与帮助，他们的学科情怀及学问学识都令我无比敬佩，并不断促使我在繁忙的教学之余反躬自省。

特别感谢黄光成校长和杜宗平副校长在本书筹备和出版过程中所费的心血和无私的帮助，没有他们，此书必不能顺利出版。当年我应聘棠外，是杜校面试考评，问我的问题就是一个语文教师安身立命的所在：所读何书？何书对你影响最大？当年我例举美国作家安·兰德所著《源泉》来说明一个人所应有的坚守。时至今日，我依然笃信于此，凡事必有源，坚持浚本清源必有浩荡之势，包括本书的写作和命名也是基于此种观点。在人际交往上我本木讷，他们不以为忤，反而时时关心我帮助我，让我深为感动。

我的爱人王芳老师，从大学求学时便伴我助我，我生活素来懒散，处理各种日常琐事更是无能，皆是她在工作和家庭之间，两边替我奔波周旋。我想，凡人生活难免周折龃龉，但始终不离不弃必是深情。如今，我们能在成都安家立业，并有一个可爱的女儿，人便当常怀知足感恩之心。

何　璋

2017年12月16日于成都双流